统计学国家一流专业建设系列教材

统计学基础实验(SPSS)

（第三版）

▶ 李　勇　　李禹锋　　骆　琳◎编著

西南财经大学出版社

中国·成都

图书在版编目(CIP)数据

统计学基础实验:SPSS/李勇,李禹锋,骆琳编著.—3 版.—成都:
西南财经大学出版社,2023.2
ISBN 978-7-5504-5674-7

Ⅰ.①统…　Ⅱ.①李…②李…③骆…　Ⅲ.①统计分析—统计
程序—教材　Ⅳ.①C819

中国国家版本馆 CIP 数据核字(2023)第 026872 号

统计学基础实验(SPSS)(第三版)
TONGJIXUE JICHU SHIYAN(SPSS)

李　勇　李禹锋　骆　琳　编著

策划编辑:陈何真璐

责任编辑:陈何真璐

责任校对:金欣蕾

封面设计:墨创文化　张姗姗

责任印制:朱曼丽

出版发行	西南财经大学出版社(四川省成都市光华村街 55 号)
网　　址	http://cbs. swufe. edu. cn
电子邮件	bookcj@ swufe. edu. cn
邮政编码	610074
电　　话	028-87353785
照　　排	四川胜翔数码印务设计有限公司
印　　刷	成都市火炬印务有限公司
成品尺寸	185mm×260mm
印　　张	10
字　　数	240 千字
版　　次	2023 年 2 月第 3 版
印　　次	2023 年 2 月第 1 次印刷
印　　数	1— 2000 册
书　　号	ISBN 978-7-5504-5674-7
定　　价	29. 80 元

统计学国家一流专业建设系列教材
编 委 会

总 序

2015 年 10 月，国务院印发《统筹推进世界一流大学和一流学科建设总体方案》，要求加快建成一批世界一流大学和一流学科。2019 年 4 月，《教育部办公厅关于实施一流本科专业建设"双万计划"的通知》发布，提出建设 10 000 个左右国家级一流本科专业点和 10 000 个左右省级一流本科专业点。为全面振兴本科教育，同年 10 月，《教育部关于一流本科课程建设的实施意见》发布，要求全面开展一流本科课程建设，建成万门左右国家级和万门左右省级一流本科课程。党的二十大报告也强调全面贯彻党的教育方针，落实立德树人根本任务，加快建设高质量教育体系。我国近代教育家陆费逵曾明确提出"国立根本在乎教育，教育根本实在教科书"，加强高校教材建设，是加快高等教育现代化的重要举措，更是构建"双一流"建设长效机制的切实抓手。

成都信息工程大学统计学院源于国家统计局直属两所学校之一的四川统计学校，1949 年 12 月专门为新中国统计系统培养行业干部而成立。在 70 来年的发展历程中，这一单位培育了 6 万多名统计专业人才和统计行业骨干，基本上覆盖了全国所有县级政府统计部门，被誉为"统计工作者的摇篮"。在智能大数据时代，成都信息工程大学统计学院与时俱进，与学校优势学科交叉融合，逐渐打造形成了政府统计与智能社会治理、智能大数据统计与现代服务业创新发展、气象大数据统计与乡村振兴、中国式现代化统计与经济高质量发展、数字经济与国际贸易新业态发展、数字金融与数字中国 6 个教学科研团队。

基于学院两个国家级一流本科专业（统计学、经济统计学）和省级一流本科专业（金融工程）建设点的契机，成都信息工程大学统计学院着力打造精品教材，切实提高专业水平。学院将陆续组织出版"统计学国家一流专业建设系列教材"。本系列教材将针对人工智能和大数据时代人才培养的需求，将数据科学的基本理念融汇其中，为培养中国式现代化建设的统计学和经济学优秀人才而努力。

该系列教材的编者普遍具有丰富的教学经验和专业实践经验，具有一定的行业背景和企业实务背景，能有效地将理论与实践有机结合起来。当然，编写这样的系列教材是一项具有挑战性的开拓与尝试，加之大数据时代本身还在不断地丰富与发展，因此本系列教材可能会存在一些不足甚至错误，恳请同行和读者批评指正。我们希望本套系列教材能够对我国统计学和经济学科的发展起到抛砖引玉之效，能对培养具有数据思维和创新能力的专业人才尽一份绵薄之力。

教材编委会

2023 年 2 月

前　言

随着高等教育对实践环节的日益重视，实验课程的改革，尤其是社会经济管理类专业学生的实践教学改革日益重要。《统计学基础实验（SPSS）》是面向高等学校统计学专业和社会经济管理等相关专业本科生的一本统计学专业教材。

SPSS 是世界上最早的统计分析软件，也是最早采用图形菜单驱动界面的统计软件，由美国斯坦福大学的三位研究生 ［Norman H. Nie，C. Hadlai (Tex) Hull，Dale H. Bent］于 1968 年研发成功，同时三人成立了 SPSS 公司。最初，软件全称为"社会科学统计软件包"（Solutions Statistical Package for the Social Sciences），但随着产品服务领域的扩大，软件名称于 2000 年变更为"统计产品与服务解决方案"（Statistical Product and Service Solutions）。2009 年，IBM 公司收购了 SPSS 公司，并将软件更名为 IBM SPSS Statistics，现已推出一系列用于统计学分析运算、数据挖掘、预测分析和决策支持任务的软件产品及相关服务，以适应当前大数据和人工智能的数据分析和挖掘等需求。尽管当前其他一些软件（如 Python、R 等）非常盛行，但是 SPSS 以其操作简单和入门快速等优点，仍然在数据分析软件市场占据一定地位。

本书的核心内容是以 SPSS 软件为工具，对统计学的最基础的知识和最核心的方法进行实例性的应用型讲解。本书的特点在于以问题为导向，让学生快捷地入门 SPSS 软件，并进一步利用软件解决问题。全书共由 18 个实验组成：

实验一、二主要是对 SPSS 数据文件进行创建和基本的整理。

实验三、四、五、六的主要内容包括经典数理统计学的区间估计和假设检验等基本理论。

实验七、八主要介绍了非参数统计的检验等基本理论。

实验九至实验十五主要讲解了以线性模型的基本理论为基础的基本方法，涉及单因素方差分析、多因素单变量方差分析、协方差分析、相关分析、一元线性回归分析、多元线性回归分析、曲线估计等。

实验十六、十七介绍了定性数据的分析方法，主要内容包括列联表分析和对数线性层次模型等。

实验十八是要求学生自己动手设计的一个综合练习，可以作为学生的期末综合测评。

本书编写主要以问题为先导，以解决问题的思维为线索，以工具操作为辅助，以分析结论为主导，以实例应用为目的，充分体现了统计学是集理学、工学、社会科学为一体的交叉复合型学科，是理论与实践紧密结合的一门应用型学科。

第三版《统计学基础实验（SPSS）》根据实际教学要求，修正、更新了部分数据，并将软件操作说明更新到最新版，方便教学。教材中的例题数据、实战应用数据请读者关注"西南财经大学出版社教学服务平台"微信公众号，回复关键词"SPSS 数据包"索取。

本书的编写，获得国家社会科学基金重大项目（21&ZD153）、教育部产学合作协同育人项目（202102465018，202002067002，2209062792900031，201902046008）、四川省高等教育人才培养质量和教学改革项目（JG2021-393）、重庆市高等教育教学改革研究重大项目（201022）、重庆市教育科学"十三五"规划课题（2020-GX-294）、四川省社科规划项目（SC21TJ004）、重庆市社科规划重点项目（2020ZDTJ08）、成都信息工程大学项目（KYTZ202194）、成都师范学院项目（CS22QN01）的基金支持和帮助，对此表示衷心的感谢！在编写过程中，我们汲取了众多相关书籍的精华，承蒙许多同行专家的教诲，借此表示深深的感激！张敏、杜思颖、陈栏灵、黄文建、蒋蕊、周婷婷、陈珊未、唐玥、康凯等参与了本书的编写和修订。同时，本书还得到西南财经大学出版社和陈何编辑的大力支持，在此表示诚挚的谢意！限于编者的经验和水平，本书仍有不当之处，恳请专家和读者不吝赐教！

编著者

2022 年 10 月于成都阳光城

目　录

实验一　SPSS 数据文件的创建 ·· （1）

【实验目的】 ·· （1）

【知识储备】 ·· （1）

【实例演习】 ·· （2）

【实战应用】 ·· （7）

【分析报告】 ·· （8）

实验二　SPSS 数据文件的预处理 ·· （9）

【实验目的】 ·· （9）

【知识储备】 ·· （9）

【实例演习】 ·· （10）

【实战应用】 ·· （23）

【分析报告】 ·· （23）

实验三　统计量的描述性分析 ·· （24）

【实验目的】 ·· （24）

【知识储备】 ·· （24）

【实例演习】 ·· （25）

【实战应用】 ·· （35）

【分析报告】 ·· （35）

实验四　单样本的 t 检验 ·· （36）

【实验目的】 ·· （36）

【知识储备】 ·· （36）

【实例演习】 ·· （36）

【实战应用】 ·· （39）

【分析报告】 ·· （39）

实验五　两个独立样本的 t 检验 ································· (40)

【实验目的】 ··· (40)

【知识储备】 ··· (40)

【实例演习】 ··· (41)

【实战应用】 ··· (44)

【分析报告】 ··· (44)

实验六　配对样本的 t 检验 ································· (45)

【实验目的】 ··· (45)

【知识储备】 ··· (45)

【实例演习】 ··· (46)

【实战应用】 ··· (48)

【分析报告】 ··· (49)

实验七　单样本非参数检验 ································· (50)

【实验目的】 ··· (50)

【知识储备】 ··· (50)

【实例演习】 ··· (52)

【实战应用】 ··· (56)

【分析报告】 ··· (56)

实验八　两独立样本非参数检验 ······························· (57)

【实验目的】 ··· (57)

【知识储备】 ··· (57)

【实例演习】 ··· (58)

【实战应用】 ··· (61)

【分析报告】 ··· (61)

实验九　单因素方差分析 ·· (62)

　　【实验目的】 ··· (62)

　　【知识储备】 ··· (62)

　　【实例演习】 ··· (64)

　　【实战应用】 ··· (70)

　　【分析报告】 ··· (70)

实验十　多因素单变量方差分析 ·································· (71)

　　【实验目的】 ··· (71)

　　【知识储备】 ··· (71)

　　【实例演习】 ··· (72)

　　【实战应用】 ··· (80)

　　【分析报告】 ··· (80)

实验十一　协方差分析 ·· (81)

　　【实验目的】 ··· (81)

　　【知识储备】 ··· (81)

　　【实例演习】 ··· (82)

　　【实战应用】 ··· (89)

　　【分析报告】 ··· (89)

实验十二　相关分析 ·· (90)

　　【实验目的】 ··· (90)

　　【知识储备】 ··· (90)

　　【实例演习】 ··· (92)

　　【实战应用】 ··· (97)

　　【分析报告】 ··· (97)

实验十三　一元线性回归分析 ···································· (98)

　　【实验目的】 ··· (98)

【知识储备】 …………………………………………………………………… (98)

【实例演习】 …………………………………………………………………… (100)

【实战应用】 …………………………………………………………………… (110)

【分析报告】 …………………………………………………………………… (110)

实验十四　多元线性回归分析 …………………………………………… (111)

【实验目的】 …………………………………………………………………… (111)

【知识储备】 …………………………………………………………………… (111)

【实例演习】 …………………………………………………………………… (112)

【实战应用】 …………………………………………………………………… (119)

【分析报告】 …………………………………………………………………… (119)

实验十五　曲线估计 ……………………………………………………… (120)

【实验目的】 …………………………………………………………………… (120)

【知识储备】 …………………………………………………………………… (120)

【实例演习】 …………………………………………………………………… (121)

【实战应用】 …………………………………………………………………… (127)

【分析报告】 …………………………………………………………………… (127)

实验十六　列联表分析 …………………………………………………… (128)

【实验目的】 …………………………………………………………………… (128)

【知识储备】 …………………………………………………………………… (128)

【实例演习】 …………………………………………………………………… (129)

【实战应用】 …………………………………………………………………… (136)

【分析报告】 …………………………………………………………………… (137)

实验十七　对数线性层次模型 …………………………………………… (138)

【实验目的】 …………………………………………………………………… (138)

【知识储备】 …………………………………………………………………… (138)

【实例演习】 …………………………………………………………………… (138)

【实战应用】 ··· （145）

【分析报告】 ··· （145）

实验十八　综合测试练习 ··· （146）

【实验目的】 ··· （146）

【实验问题】 ··· （146）

【分析报告】 ··· （147）

参考文献 ··· （148）

实验一　SPSS 数据文件的创建

【实验目的】

1. 掌握统计数据的基本性质。
2. 掌握 SPSS 数据的结构和建立方法。

【知识储备】

变量及类型划分

在一项具体的统计活动中，我们会对总体、众多个体的某一个或几个方面的属性感兴趣，这些属性称为变量。

我们可依据数据测量尺度的不同来划分变量类型。数据测量包括四种尺度：定类尺度、定序尺度、定距尺度和定比尺度。

（1）定类尺度（nominal scale）是按照某种属性对事物进行平行的分类。它是显示事物数量特征的最粗糙的一种尺度。用定类尺度测量所获得的数据只适用于是非判断运算（＝、≠）。

（2）定序尺度（ordinal scale）可对事物类别间等级或顺序差别进行测度。定序尺度在显示事物数量特征方面要比定类尺度更详尽一些。用定序尺度测量所获得的数据不仅适用于是非判断运算，还适用于大小比较运算（＞、＜）。

（3）定距尺度（interval scale）可对事物类别或次序之间的差距进行测度。定距尺度在显示事物数量特征方面要比定序尺度更详尽一些。定距尺度测量所获得的数据不仅适用于是非判断运算、大小比较运算，还适用于加减运算（＋、－）。

（4）定比尺度（ratio scale）可对事物类别或次序之间的差距及其差别程度进行测度。定比尺度在显示事物数量特征方面要比定距尺度更详尽一些。定比尺度测量所获得的数据不仅适用于是非判断运算、大小运算、加减运算，还适用于乘除运算（×、÷）。

依据数据测量尺度的不同，变量可划分为四种类型：定距变量、定比变量、定类变量、定序变量。

其中，定距变量和定比变量的数据直接表现为数字，而定类变量和定序变量的数据则不直接表现为数字。因此，实践中人们常把定距变量和定比变量统称为数值型变量，将定类变量和定序变量统称为品质型变量。

SPSS 中，变量被划分为三种类型：定类变量、定序变量和数值型变量。

【实例演习】

【例】现在需要对学生的月消费情况进行调查。

1. 确定变量个数

学生性别、年龄等。

2. 定义变量属性

在 SPSS 主窗口的左下角处，点击"变量视图"（variable view）标签，切换至变量浏览界面，即可对变量进行定义。一个完整的 spss 数据结构包括 10 个属性：名称（name）、类型（type）、宽度（width）、小数位数（decimals）、标签（label）、值（values）、缺失（missing）、列（columns）、对齐（align）和测量（measure），如图 1-1 所示。

图 1-1

（1）名称：变量名。定义变量名的注意事项：

①首字符必须是字母或汉字，后面可以跟除"！""？""、""＊"之外的字母和数字；

②变量长度不能超过 64 个字符（32 个汉字）；

③变量名的结尾不能是圆点、句号或下划线；

④ SPSS 内部的保留字不能作为变量名，如：ALL、AND、BY 等；

⑤ SPSS 可以系统默认变量名，以"VAR+5 个数字"，如：VAR00001 等；

⑥变量名必须唯一，且不分大小写字母。

【提示】

为了便于理解和记忆，变量名的定义最好与所代表的含义一致。

（2）类型：变量类型（见图 1-2）。点击"类型"按钮，出现变量类型对话框。此对话框中有 9 种变量类型可供选择：

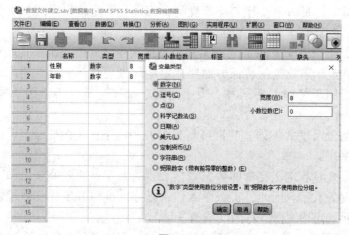

图 1-2

① 数字（numeric）：标准数值型。系统默认类型。系统默认长度为 8，小数位为 2。

② 逗号（comma）：逗号数值型。其整数部分从个位数开始，每 3 位数以一个逗号隔开，以圆点作为小数点，如：1,234.06。

③ 点（dot）：圆点数值型。与逗号数值型相反，整数部分用圆点隔开，以逗号作为小数点，如：1.234,06。

④ 科学计数法（scientific notation）：科学计数法数值型。

⑤ 日期（date）：日期型。

⑥ 美元（dollar）：美元数值型。

⑦ 定制货币（custom currency）：自定义货币数值型。

⑧ 字符串（string）：字符型。

⑨ 受限数字：带有前导零的整数。

（3）宽度（width）：默认值为 8。

（4）小数位数（decimals）：默认值为 2。

（5）标签（label）：变量名标签。对变量名含义的进一步注释说明。

（6）值（values）：变量值标签，如图 1-3 所示。对变量取值含义的进一步注释说明。

图 1-3

（7）缺失（missing）：缺失数据，如图 1-4 所示。

	名称	类型	宽度	小数位数	标签	值	缺失
1	性别	数字	8	0		{1, 男}...	无
2	年龄	数字	8	2		无	无
3							
4							
5							
6							
7							
8							
9							
10							
11							
12							
13							

*数据文件建立.sav [数据集0] - IBM SPSS Statistics 数据编辑器

文件(F) 编辑(E) 查看(V) 数据(D) 转换(T) 分析(A) 图形(G) 实用程序(U) 扩展(X) 窗口(W) 帮助

缺失值
○ 无缺失值(N)
○ 离散缺失值(D)
○ 范围加上一个可选的离散缺失值(R)
下限(L): 上限(H):
离散值(S):
确定 取消 帮助

图 1-4

○ 无缺失值(N)：不自定义缺失值。系统默认缺失值，用圆点表示。

○ 离散缺失值(D)：离散缺失值，可定义 3 个。

○ 范围加上一个可选的离散缺失值(R)：缺失值的区间范围，可另指定一个缺失值。

（8）列（columns）：列宽。默认值为 8。

（9）对齐（align）：对齐方式有三种，即左对齐、右对齐和居中，如图 1-5 所示。

图 1-5

（10）测量（measure）：数据度量尺度有三种，即定距型、定序型和定类型数据，如图 1-6 所示。

图 1-6

3．录入分析数据

在定义完变量数据结构后，在 SPSS 窗口的左下角点击 数据视图 标签，切换至数据浏览界面。通过键盘录入原始数据，如图 1-7 所示。

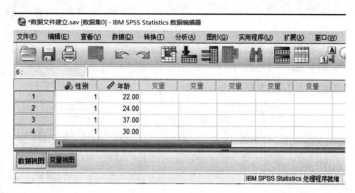

图 1-7

4．编辑数据文件

删除或插入一条个案或一个变量：将鼠标定位在需要插入的个案处，点击右键，如图 1-8 所示。

剪切(T) ：删除； 复制(C) ：复制； 粘贴(P) ：粘贴； 清除(E) ：清除； 插入个案(I) ：插入。

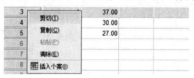

图 1-8

上述操作也可以点击 编辑(E) 中的 插入变量(A) 或 插入个案(I) 等功能完成，如图 1-9 所示。

图 1-9

还可点击 编辑(E) 中的 ![转到个案(S)] 或 ![转到变量(G)] ，快速定位个案或变量。

5. 保存数据文件

将在 SPSS 数据编辑窗口的数据保存为多种格式的数据文件。点击 文件(F) 中的 另存为(A)... ，可以选择各种文件格式：SPSS 文件格式、Excel 文件格式等。确定 文件名(N): 即完成，如图 1-10 所示。

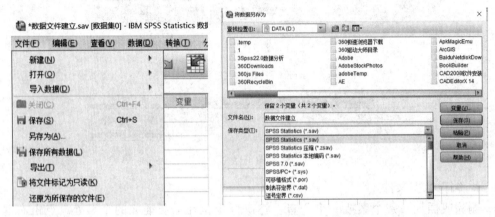

图 1-10

6. 读取数据文件

（1）直接读取已存在的 SPSS 数据文件。

点击 SPSS 程序，出现如图 1-11 所示的对话框。若读取文件在里面，直接点击"是（Y）"。

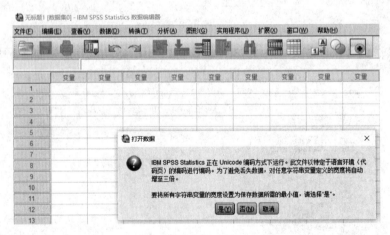

图 1-11

（2）读取存储的文件。

若打开存储在其他地方的文件，可以点击 文件(F) — 打开(O) — 数据(D) ，如图 1-12 所示。

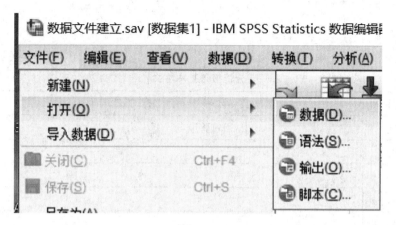

图 1-12

打开如图 1-13 所示对话框：可以选择文件的位置和文件的格式（如：SPSS、Excel 等）。

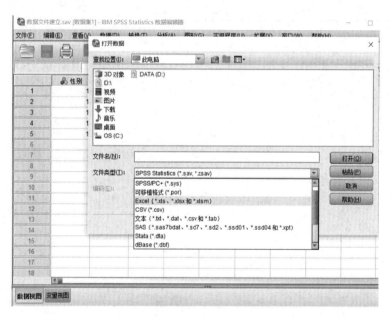

图 1-13

【实战应用】

把学生分成几个小组，分别设计一个简单的问卷，并收集数据，进行 SPSS 数据文件的创建。同时注意其他软件（如 Excel、R、Python 等）的比较学习。

【分析报告】

【分析报告基本格式】

实验项目			
实验日期		实验地点	
实验目的			
实验内容			
实验步骤			
实验结果			
实验分析			
实验小结			
备注			

实验二　SPSS 数据文件的预处理

【实验目的】

1. 掌握读取 SPSS 数据的方法。
2. 掌握对 SPSS 数据的初步加工方法。

【知识储备】

1. 数据的审核

收集完数据资料并完成数据录入之后，接下来的工作就是审核。数据审核就是对调查取得的原始数据进行审查和核实。其目的在于保证资料的完整性、准确性和客观性，为进一步的资料整理打下基础。在调查过程中，由于所研究的问题和采取的调查方法不同，所取得的数据资料也是各种各样的。对于不同类型的数据资料，审核的内容、方法和侧重点会有所不同。一般而言，数据资料审核的内容主要包括完整性、准确性和及时性三个方面。

（1）完整性：检查所有的调查表或调查问卷是否已经全部回收并完整录入，调查的所有问题是否都填写齐全。无法补齐时，应当制定相应的解决对策，以便于以后的深入分析。

（2）准确性：检查数据资料是否真实地反映了调查对象的客观情况，内容是否符合常理；检查数据资料是否错误，计算是否正确。

（3）及时性：检查资料与实际发生的时间间隔长短，一般来说间隔越短越好。检查所填项目所属时间与调查要求的项目所属时间是否一致，若二者不一致，则不能用来分析所研究的问题。

2. 数据的分组

数据资料整理过程中的分组，就是根据研究的目的，按照有关变量的各个不同取值将数据资料区分为若干不同的部分。其目的是便于以后的对比分析，以揭示研究对象内在的结构特征。

数据的分组分三种情况：按定类变量的不同取值进行分组，按定序变量的不同取值进行分组和按数值型变量的不同取值进行分组。

（1）定类变量是离散取值的，因此一般情况下可以把数据区分成有限的组别。定类变量的取值没有顺序性，因此，组与组之间的排列也没有顺序上的要求。

（2）定序变量也是离散取值的，但具有顺序性，因此，组与组之间的排列也要讲求顺序性。

（3）数值型变量通常都是连续取值的，分组时需要做进一步的技术处理。例如，将数值型变量定类化，即重新编码。这些工作都要在数据的预处理过程中完成。

总而言之，由于种种原因，已经录入数据集的样本数据经常需要进行审核、修改、分组、合并、排序、初步加工计算、重新编码、个案观测的寻找、插入和删除等必要的预处理工作。

【实例演习】

1. 转换 Excel 格式文件为 SPSS 文件

打开 SPSS 主窗口，点击 文件(F) — 打开(O) — 数据(D)，出现如图 2-1（a）所示对话框，再选择数据文件类型 Excel（*.xls、*.xlsx 和 *.xlsm），并输入 Excel 格式文件名 data2-1.xls。再点击 打开(O)，出现如图 2-1（b）所示对话框。

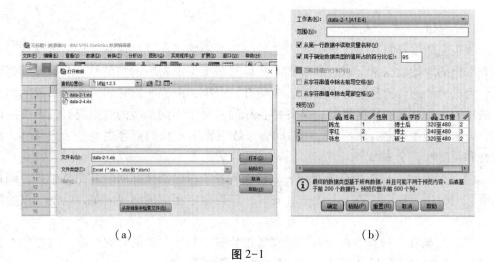

（a）   （b）

图 2-1

点击 确定，即在 SPSS 主窗口中以 SPSS 数据格式打开 Excel 格式文件，并以 data2-2.sav 文件名将其保存为 SPSS 数据格式文件。

2. 合并与分拆数据

（1）变量合并。

【例1】把如图 2-2（a）所示的 SPSS 文件 data-e-2-1.sav 和如图 2-2（b）所示的 SPSS 文件 data-e-2-2.sav 合并成一个文件。

姓名	性别	年龄	职称
陈龙	1	35.0	3
李红	2	36.0	2
张忠	1	28.0	2

姓名	性别	学历	工作里	论文数
陈龙	1	博士后	320至480	2
李红	2	博士	240至480	3
张忠	1	硕士	320至480	2

（a）   （b）

图 2-2

点击 数据(D) — 合并文件(G) — 添加变量(V) （见图 2-3），出现如图 2-4 所示的对话框。

图 2-3

图 2-4

再点击 继续(C)，出现如图 2-5 所示对话框。

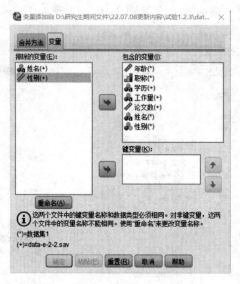

图 2-5

其中 排除的变量(E): 中的两个变量表示新合并的数据文件中不包含的变量：包括将合并的两个数据文件中重名的变量列表。在 包含的变量(I) 中标"＊"的变量表示当前数据文件中的变量，标"+"的变量表示将合并进来的数据文件中的变量。点击 确定 ，得到文件 data-e-2-3.sav，如图 2-6 所示。

姓名	性别	年龄	职称	学历	工作里	论文数
陈龙	1	35.0	3	博士后	320至480	2
李红	2	36.0	2	博士	240至480	3
张忠	1	28.0	2	硕士	320至480	2

图 2-6

（2）个案合并。

【例 2】先将文件 data-e-2-3.sav 和文件 data-e-2-4.sav 合并为一个文件，如图 2-7 所示。

姓名	性别	年龄	职称	学历	工作里
武松	1	43	3	硕士	240至320
杨宁	2	38	4	博士	120至240

图 2-7

点击 数据(D) —— 合并文件(G) —— 添加个案(C) ，如图 2-8 所示。

图 2-8

再点击 继续(C)，如图 2-9 所示。

图 2-9

如图 2-10 所示，在 非成对变量(U)：中的变量表示未匹配的变量，如论文数，其中标"＊"的表示当前数据表中变量，标"＋"的表示将合并进来的数据表中的变量。在 新的活动数据集中的变量(V)：中的变量，表示合并之后的变量，如姓名、性别等。点击 确定，得到文件 data-e-2-5.sav，如图 2-11 所示。

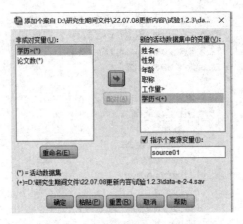

图 2-10

姓名	性别	年龄	职称	学历	工作量	source01
陈龙	1	35.0	3	博士后	320至480	0
李红	2	36.0	2	博士	240至480	0
张忠	1	28.0	2	硕士	320至480	0
武松	1	43.0	3	硕士	240至320	1
杨宁	2	38.0	4	博士	120至240	1

图 2-11

（3）数据的拆分。

【例 3】把文件数据 data-e-2-5.sav 进行分拆，即点击 数据(D)—拆分文件(F)...，如图 2-12所示。

（a）

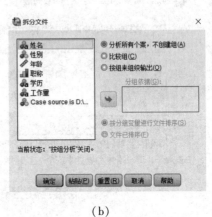
（b）

图 2-12

◉分析所有个案，不创建组(A)：默认选项。表示分析所有个案，不分拆。

◉比较组(C)：比较分组。表示将分组结果输出在同一张表格中。

◉按组来组织输出(O)：按组输出结果。

分组依据(G)：：分组变量。本例选择"职称"。

得到如图 2-13 所示对话框。

图 2-13

点击 [确定]，得到文件 data-e-2-6.sav，如图 2-14 所示。

姓名	性别	年龄	职称	学历	工作量	source01
李红	2	36.0	2	博士	240至480	0
张忠	1	28.0	2	硕士	320至480	0
陈龙	1	35.0	3	博士后	320至480	0
武松	1	43.0	3	硕士	240至320	1
杨宁	2	38.0	4	博士	120至240	1

图 2-14

3. 排序与转置数据

（1）排序。

【例4】对文件 data-e-2-6.sav 按年龄大小进行排序。

点击 数据(D)——个案排序(O)…，如图 2-15 所示。

（a）　　　　　　　　　　　　　　（b）

图 2-15

排序依据(S)：中变量是主排序变量，如姓名、职称。在 排列顺序 中选择升序还是降序。

点击 [确定]，得到文件 data-e-2-7.sav，如图 2-16 所示。

姓名	性别	年龄	职称	学历	工作量	source01
张忠	1	28.0	2	硕士	320至480	0
陈龙	1	35.0	3	博士后	320至480	0
武松	1	43.0	3	硕士	240至320	1
李红	2	36.0	2	博士	240至480	0
杨宁	2	38.0	4	博士	120至240	1

图 2-16

（2）转置。

【例5】点击 数据(D)——转置(N)，如图 2-17 所示。

（a）　　　　　　　　　　　　　　（b）

图 2-17

把需要转置的变量移到 变量(V)：中，如姓名、年龄等。点击 确定，得到文件 data-e-2-8.sav，如图 2-18 所示。

CASE_LBL	var001	var002	var003	var004	var005
姓名	.	.	.	.	.
年龄	28.00	35.00	43.00	36.00	38.00
职称	2.00	3.00	3.00	2.00	4.00

图 2-18

4．重复个案识别

【例6】打开文件 data-e-2-9.sav，如图 2-19 所示。点击 数据(D)——标识重复个案(U)...，得到如图 2-20 所示对话框。

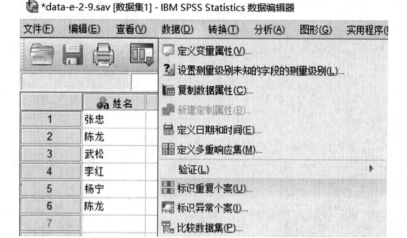

图 2-19

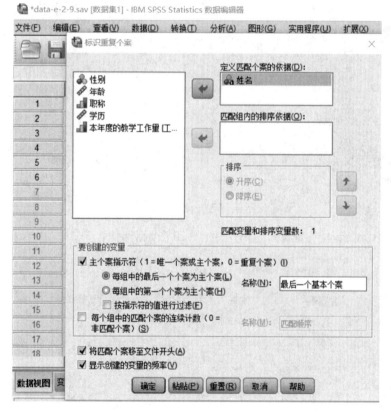

图 2-20

　　把左边需要识别的变量移到定义匹配个案的依据(D)：中，若想对匹配变量进行排序，把需要排序的变量移到匹配组内的排序依据(O)：中。点击确定，得到文件 data-e-2-10. sav，如图 2-21所示。

姓名	性别	年龄	职称	学历	工作量	最后一个基本个案
陈龙	1	35.0	3	5	4	0
陈龙	1	43.0	3	4	5	1
李红	2	36.0	2	4	3	1
武松	1	43.0	3	3	3	1
杨宁	2	38.0	4	5	2	1
张忠	1	28.0	2	3	4	1

图 2-21

5. 数据的选取

【例 7】从文件 data-e-2-10.sav 中随机选出 2 个个案。

打开文件 data-e-2-10.sav，如图 2-22(a)所示，再点击 数据(D)—选择个案(S)，出现如图 2-22（b）所示对话框。

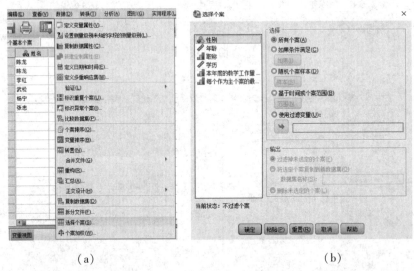

（a）   （b）

图 2-22

选择 随机个案样本(D)—样本(S)，打开如图 2-23 所示对话框。

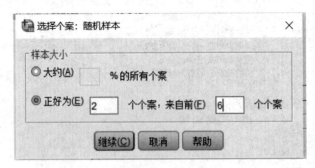

图 2-23

在 正好为(E) 2 个案，来自前(F) 6 个个案 中的前 6 个个案中随机选择 2 个。点击 继续(C)，在输出结果 输出 中选择：

过滤掉未选定的个案(F)：默认项。表示在原数据文件中把选取（取 1）和排除（取 0）的个案用 filter 变量注明，排除个案在后续分析中不参与。

⊙ 将选定个案复制到新数据集(Q)：系统新创一个数据集。

⊙ 删除未选定的个案(L)：在原文件中直接删除未被选取的个案，且无法恢复。

选择默认项后，点击 [确定]，得到文件 data-e-2-11.sav，如图 2-24 所示。

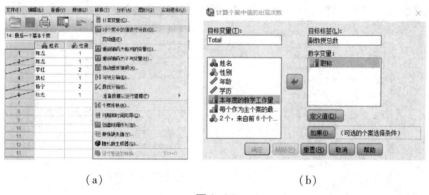

	姓名	性别	年龄	职称	学历	工作量
1	陈龙	1	35.0	3	5	4
2	陈龙	1	43.0	3	4	5
3	李红	2	36.0	2	4	3
4	武松	1	43.0	3	3	3
5	杨宁	2	38.0	4	4	2
6	张忠	1	28.0	2	3	4

图 2-24

6. 个案计点数

【例 8】在文件 data-e-2-11.sav 中，如图 2-25(a)所示，对职称为副教授（3）的计点数。

点击 [转换(T)] — [对个案中的值进行计数(O)…]，出现对话框如图 2-25（b）所示。

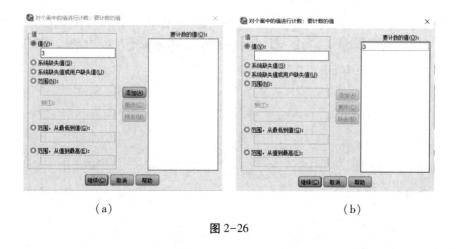

（a）　　　　　　　　　　　　　　　　　　（b）

图 2-25

在 [目标变量(T):] 中输入目标变量（Total），在 [目标标签(L):] 中输入标签（副教授总数），如图 2-25（b）所示。把要计数的变量输入 [数字变量:] 中。点击定义计数取值 [定义值(D)]，出现如图 2-26 所示的对话框。

（a）　　　　　　　　　　　　　　　　　　（b）

图 2-26

在 ◉值(V): 中输入变量计数值 3（副教授），点击 [添加(A)]—[继续(C)]。

在 [如果(I)... (可选的个案选择条件)] 中选择满足个案的条件：[◉包括所有个案(A)]，再点击 [继续(C)]—[确定]，得到文件 data-e-2-12.sav，如图 2-27 所示。

姓名	性别	年龄	职称	学历	工作量	最后一个基本个案	filter_$	Total
陈龙	1	35.0	3	5	4	0	1	1.00
陈龙	1	43.0	3	4	5	1	1	1.00
李红	2	36.0	2	4	3	1	0	.00
武松	1	43.0	3	3	3	1	1	1.00
杨宁	2	38.0	4	4	2	1	0	.00
张忠	1	28.0	2	4	4	1	0	.00

图 2-27

被选择变量副教授（3）在变量 Total 中的取值为 1。

7. 分类汇总

【例 9】把文件 data-e-2-12.sav 中按职称变量进行分组，对每组个案中的工作量求均值和标准差，对学历变量求中位数，并生成分组数据文件，如图 2-28（a）所示。

点击 [数据(D)]—[汇总(A)]，出现如图 2-28（b）所示的对话框。

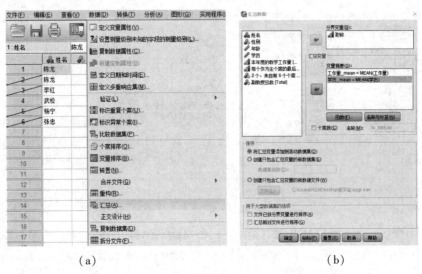

（a） （b）

图 2-28

选择分类变量（职称）到 [分界变量(B):] 中，选择汇总变量（工作量、学历）到 [变量摘要(S):] 中。点击 [函数(F)...]，确定统计量（[平均值(M)]、[标准差(R)] 等），如图 2-29 所示。

图 2-29

点击 名称与标签(N)... ，确定变量名和变量标签。在 保存 中选择保存方式。

⊙ 将汇总变量添加到活动数据集(D)：默认项。表示新变量添加到当前活动数据集。

点击 确定 ，得到文件 data-e-2-13.sav，如图 2-30 所示。

姓名	性别	年龄	职称	学历	工作量	最后一个基本个案	filter_$	Total	工作量_mean	学历_mean
陈龙	1	35.0	3	5	4	0	1	1.00	3.50	4.00
陈龙	1	43.0	3	4	5	1	1	1.00		
李红	2	36.0	2	4	3	1	0	.00		
武松	1	43.0	3	3	3	1	1	1.00	3.50	4.00
杨宁	2	38.0	4	4	2	1	0	.00		
张忠	1	28.0	2	3	4	1	0	.00		

图 2-30

8. 数据分组

【例 10】把文件 data-e-2-10.sav 中的年龄按大小分为 3 个组：30 岁以下、30~39 岁、40 岁以上。

点击 转换(T) — 重新编码为不同变量(R) ，如图 2-31 所示，得到如图 2-32 所示对话框。

图 2-31

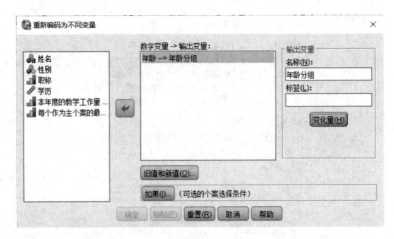

图 2-32

把分组变量移至 数字变量 -> 输出变量：，在 输出变量 中输入新变量名，点击 变化量(H)。再点击 旧值和新值(Q)，出现如图 2-33 所示对话框。

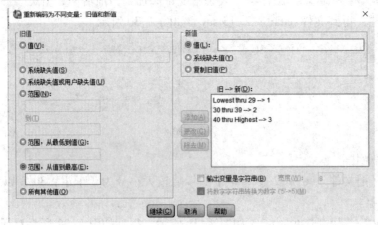

图 2-33

在 ⊙范围，从最低到值(G)：中，输入 29，在 值(L)：中输入对应的值，点击 添加(A)。再分别在 ⊙范围(N)：中输入 30 和 39，在 ⊙范围，从值到最高(E)：输入 40。点击 继续(C)，再点击 确定，得到文件 data-e-2-14.sav，如图 2-34 所示。

姓名	性别	年龄	职称	学历	工作量	最后一个基本个案	年龄分组
陈龙	1	35.0	3	5	4	0	2.00
陈龙	1	43.0	3	4	5	1	3.00
李红	2	36.0	2	4	3	1	2.00
武松	1	43.0	3	3	3	1	3.00
杨宁	2	38.0	4	4	2	1	2.00
张忠	1	28.0	2	3	4	1	1.00

图 2-34

【实战应用】

将实验一中的 SPSS 数据文件进行相应的整理分析。

【分析报告】

【分析报告基本格式】

实验项目			
实验日期		实验地点	
实验目的			
实验内容			
实验步骤			
实验结果			
实验分析			
实验小结			
备注			

实验三　统计量的描述性分析

【实验目的】

1. 掌握分类数据的描述性分析。
2. 掌握有序数据的描述性分析。
3. 掌握定量数据的描述性分析。

【知识储备】

1. 频数分布表

整理定序数据时，首先要列出所分的类别，然后计算出每一类别的频数或频率，将各个类别的相应频数或频率全部列出，并用表格形式表现出来，就形成了频数分布表。定类数据不讲求类别间排列的顺序，定序数据则应按变量的取值顺序排列成表。

2. 数值型数据的频数分布表

数值型数据的频数分布表与品质型数据的频数分布表的制作原理相同，但数值型数据多为连续的。

3. 描述集中趋势的统计量

（1）众数。众数是样本数据中出现次数最多的观测值，用 M_0 表示。

（2）中位数。中位数是观测值按大小排序后，处于中间位置上的观测值，用 M_e 表示。其计算公式为

$$M_e = \begin{cases} X_{\frac{(n+1)}{2}}(n \text{ 为奇数}) \\ \frac{1}{2}(X_{\frac{n}{2}} + X_{\frac{n}{2}+1})(n \text{ 为偶数}) \end{cases} \tag{3.1}$$

（3）均值。均值就是我们通常所说的算术平均数，用 $\bar{X}$ 表示。其计算公式为

$$\bar{X} = \frac{X_1 + X_2 + \cdots + X_i + \cdots + X_n}{n} = \frac{\sum_{i=1}^{n} X_i}{n} \tag{3.2}$$

（4）四分位数。通过 3 个点将全部观测值四等分，其中每部分包含 1/4 个观测值，处在分位点上的观测值称为四分位数。四分位数共有 3 个，但我们通常所说的四分位数是指第 1 个四分位数（下四分位数）和第 3 个四分位数（上四分位数）。下四分位数用 Q_L 表示，上四分位数用 Q_U 表示。其计算公式为

$$Q_L = X_{\frac{(n+1)}{4}} \tag{3.3}$$

$$Q_U = X_{\frac{3 \times (n+1)}{4}}$$

4. 描述离散趋势的统计量

（1）极差。极差也称全距，是样本数据中最大观测值与最小观测值之差，用 R 表示。其计算公式为

$$R = X_{\max} - X_{\min} \tag{3.4}$$

（2）标准差。标准差是所有观测值与其均值离差平方均值的平方根，也称均方差，用 s 表示。其计算公式为

$$s = \sqrt{\frac{\sum_{i=1}^{n}(X_i - \bar{X})^2}{n-1}} \tag{3.5}$$

（3）方差。方差是所有观测值与其均值离差平方的均值，用 s^2 表示。其计算公式为

$$s^2 = \frac{\sum_{i=1}^{n}(X_i - \bar{X})^2}{n-1} \tag{3.6}$$

（4）四分位差。四分位差是上四分位数与下四分位数之差，也称为内距或四分间距，用 Q_d 表示。其计算公式为

$$Q_d = Q_U - Q_L \tag{3.7}$$

5. 描述分布形态的统计量

（1）偏度。数据分布的不对称性称为偏度，它是反映数据分布偏斜程度的统计量，用 ∂_3 表示。其计算公式为

$$\partial_3 = \frac{\sum_{i=1}^{n}(X_i - \bar{X})^3}{ns^3} \tag{3.8}$$

（2）峰度。峰度是指数据分布的平峰或尖峰程度，用 ∂_4 表示。其计算公式为

$$\partial_4 = \frac{\sum_{i=1}^{n}(X_i - \bar{X})^4}{ns^4} \tag{3.9}$$

【实例演习】

【例】文件 data-e-4-1（见图 3-1）是统计系 3 个班的 18 位学生的基本资料。

	班级	性别	年龄	体重	身高	体育等级
1	1	2	23	65	156	1
2	1	1	24	45	160	1
3	1	1	22	56	150	2
4	1	2	25	81	149	3
5	1	1	21	60	155	4
6	1	2	23	67	168	3
7	2	1	23	58	170	2
8	2	2	22	70	165	1
9	2	1	23	58	165	2
10	2	2	22	79	160	3
11	2	1	21	68	175	4
12	2	1	22	62	170	3
13	3	2	25	86	165	2
14	3	1	20	47	180	1
15	3	1	23	57	176	1
16	3	2	22	82	160	1
17	3	2	22	82	162	4
18	3	1	23	63	171	2

图 3-1

（1）分类数据的描述性分析：根据这 18 位学生的性别求众数，并得到频数分布表和频数分布饼图。如图 3-2 所示，点击 分析(A) —描述统计(E)— 频率(F) ，得到如图 3-3 所示的对话框。

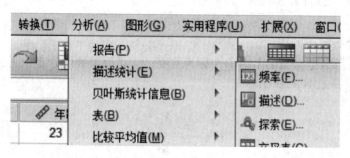

图 3-2

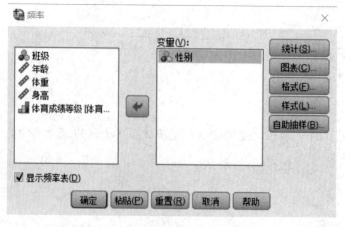

图 3-3

☑ 显示频率表(D)：显示频数分布表。

点击 统计(S)...，选择需要输出的统计量：☑ 众数(O)（众数），点击 继续(C)，如图 3-4 所示。

图 3-4

点击 图表(C)，选择输出的图形类型：● 饼图(P)（饼图），点击 继续(C)，如图 3-5 所示。

图 3-5

再点击 确定，输出结果，如图 3-6、图 3-7、图 3-8 所示。

统计

性别

个案数	有效	18
	缺失	0
众数		1

图 3-6

【注解】图 3-6 表示在性别中的众数是 1（女性）。

性别

		频率	百分比	有效百分比	累积百分比
有效	女	10	55.6	55.6	55.6
	男	8	44.4	44.4	100.0
	总计	18	100.0	100.0	

图 3-7

【注解】图 3-7 是根据性别得出的频数分布表，其中包含：频率、百分比、有效百分比和累积百分比。

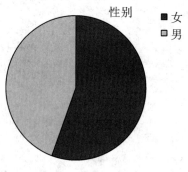

图 3-8

【注解】图 3-8 是按性别划分比例的饼图。

（2）有序数据的描述性分析：根据这 18 位学生的体育等级求中位数，并得到频数分布表和频数分布条形图。点击 分析(A)——描述统计(E)——频率(F)，如图 3-9 所示，然后得到如图 3-10 所示对话框。

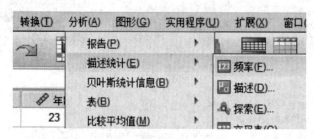

图 3-9

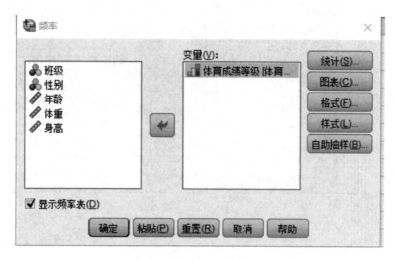

图 3-10

☑显示频率表(D)：显示频数分布表。

点击 统计(S)... ，选择需要输出的统计量：☑中位数(D) （中位数），再点击 继续(C) 。

点击 图表(C)... ，选择输出的图形类型：◉条形图(B) （条形图）。

再点击 确定 ，输出结果，如图 3-11、图 3-12、图 3-13 所示。

统计

体育成绩等级

个案数	有效	18
	缺失	0
中位数		2.00

图 3-11

【注解】图 3-11 表示在体育成绩等级中的中位数是 2（良好）。

体育成绩等级

		频率	百分比	有效百分比	累积百分比
有效	优	5	27.8	27.8	27.8
	良	5	27.8	27.8	55.6
	及格	5	27.8	27.8	83.3
	不及格	3	16.7	16.7	100.0
	总计	18	100.0	100.0	

图 3-12

【注解】图 3-12 表示体育成绩等级的频数分布表。

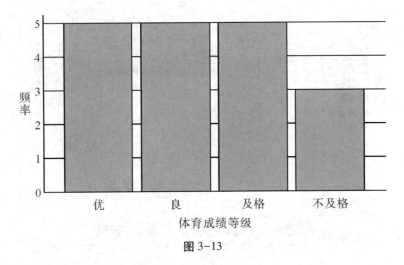

图 3-13

【注解】图 3-13 表示体育成绩等级的频率条形图。

（3）定量数据分析：求这 18 位学生身高的四分位数、均值、标准差、均值的标准误差、偏度、偏度的标准误差、峰度、峰度的标准误差，并利用频数绘出直方图。

点击 分析(A) —描述统计(E)— 频率(F)，如图 3-14、图 3-15 所示。

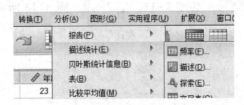

图 3-14

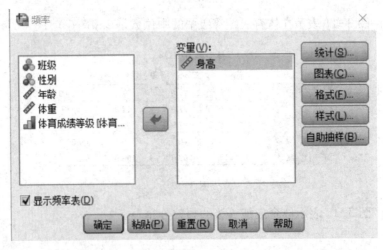

图 3-15

点击 统计(S)...，选择所求统计量，再点击 继续(C)，如图 3-16 所示。

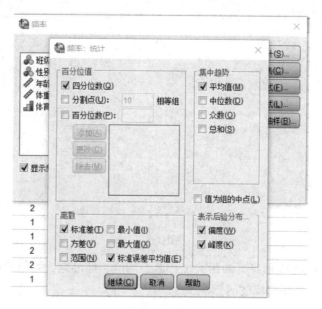

图 3-16

点击 图表(C) ，选择所求统计量 继续(C) ，如图 3-17 所示。

图 3-17

点击 确定，得出结果，如图 3-18、图 3-19 所示。

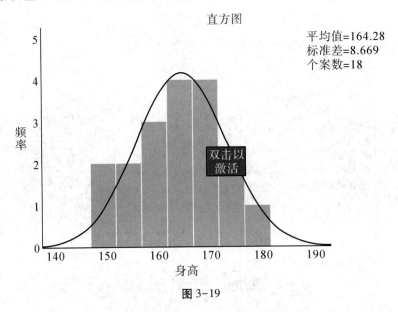

统计

身高

个案数	有效	18
	缺失	0
平均值		164.28
平均值标准误差		2.043
标准 偏差		8.669
偏度		-.064
偏度标准误差		.536
峰度		-.544
峰度标准误差		1.038
百分位数	25	159.00
	50	165.00
	75	170.25

图 3-18

【注解】图 3-18 表示身高的相关统计量：均值、标准差、均值的标准误差、偏度、偏度的标准误差、峰度和峰度的标准误差。

直方图

平均值=164.28
标准差=8.669
个案数=18

频率

双击以激活

身高

图 3-19

【注解】图 3-19 表示身高的直方图（附正态分布曲线）。

（4）分班级分别计算年龄、体重和身高的均值、标准差、均值标准误差、偏度和峰度。

第一，进行分组。

点击 数据(D) —— 拆分文件(F)，如图 3-20 所示。

图 3-20

选择 ⊙比较组(C)，把分组变量"班级"移至 分组依据(G): 中，点击 确定，如图 3-21 所示。

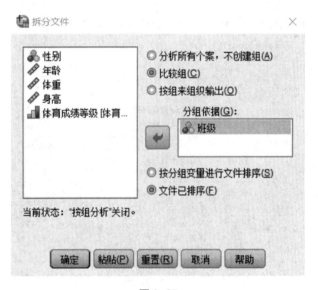

图 3-21

第二，进行描述性分析。

点击 分析(A)——描述统计(E)——描述(D)，如图 3-22 所示，得到如图 3-23 所示对话框。

图 3-22

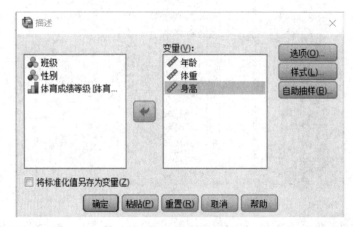

图 3-23

把年龄、体重和身高移至 变量(V):，点击 选项(O)，如图 3-24 所示。

图 3-24

选择所求统计量，点击 继续(C)—确定，得到所求结论，如图 3-25 所示。

描述统计

班级		N	最小值	最大值	均值	标准 偏差
1	年龄	6	21	25	23.00	1.414
	体重	6	45	81	62.34	11.949
	身高	6	149	168	156.33	7.005
	有效个案数（成列）	6				
2	年龄	6	21	23	22.17	.753
	体重	6	58	79	65.87	8.183
	身高	6	160	175	167.50	5.244
	有效个案数（成列）	6				
3	年龄	6	20	25	22.50	1.643
	体重	6	47	86	69.54	16.075
	身高	6	160	180	169.00	8.000
	有效个案数（成列）	6				

图 3-25

【注解】图 3-25 按班级进行分组，可求出年龄、体重和身高的均值、标准差、均值标准误差、偏度、偏度的标准误差、峰度和峰度的标准误差。

【实战应用】

参考某银行储户存款调查数据，试对相关变量进行描述性分析（调查数据请关注"西南财经大学出版社教学服务平台"微信公众号，回复关键词"SPSS 数据包"索取）。

（1）分析被调查者的户口和收入的基本情况。
（2）分析储户存款金额的分布情况。
（3）计算存款金额的基本描述统计量，并对城镇和农村户口进行比较分析。
（4）分析储户存款数量是否存在不均衡现象。

【分析报告】

【分析报告基本格式】

实验项目			
实验日期		实验地点	
实验目的			
实验内容			
实验步骤			
实验结果			
实验分析			
实验小结			
备注			

实验四　单样本的 t 检验

【实验目的】

1. 熟练掌握单样本 t 检验的方法操作。
2. 准确掌握均值的置信区间求法。

【知识储备】

1. 单样本 t 检验的基本概念

假设检验是在小概率原理的基础上，以样本统计量的值来推断总体参数的一种统计推理方法。单样本 t 检验则是利用来自某一个正态总体的样本数据，来推断该总体的均值是否与指定的检验之间存在显著性差异。

2. 单样本 t 检验的基本步骤

（1）提出原假设。单样本 t 检验的原假设为总体均值与指定检验值之间不存在显著性差异，即 $H_0: \mu=\mu_0$，式中，μ 为总体均值，μ_0 为检验值。

（2）确定检验统计量。单样本 t 检验中的检验统计量为 $t=\dfrac{\bar{X}-\mu_0}{\sqrt{s^2/n}}$，式中，$s^2$ 为样本方差，$\bar{X}$ 为样本均值，n 为样本容量。

（3）统计决策。SPSS 中单样本 t 检验的决策规则是比较 P 值。在给定显著性水平 ∂ 的前提下，较小的 P 值是拒绝原假设的证据。

【实例演习】

【例】已知统计系两个班各 8 名学生半期和期末的统计成绩（见图 4-1），试问：
（1）统计系学生期末的平均成绩与 85 分在 95% 的置信度下是否具有显著性差异？
（2）统计系学生期末平均成绩在 95% 的置信度下的置信区间是多少？

	▮班级	◆半期成绩	◆期末成绩
1	1	66	76
2	1	86	71
3	1	96	85
4	1	92	96
5	1	92	82
6	1	54	60
7	1	78	78
8	1	91	95
9	2	92	91
10	2	92	93
11	2	93	96
12	2	86	92
13	2	89	91
14	2	91	91
15	2	89	88
16	2	70	70

图 4-1

解：点击 分析(A) —— 比较平均值(M) —— 单样本 T 检验(S)，如图 4-2 所示，得到如图 4-3 所示对话框。

图 4-2

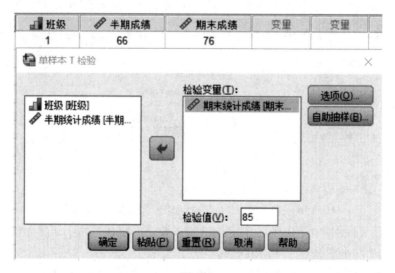

图 4-3

把所求变量（期末成绩）移至 检验变量(T): 中，在 检验值(V): 85 中输入检验值 85。点击 选项(O)...，指定置信水平 置信区间百分比(C): 95 %。点击 继续(C)，再点击 确定，如图 4-4 所示。

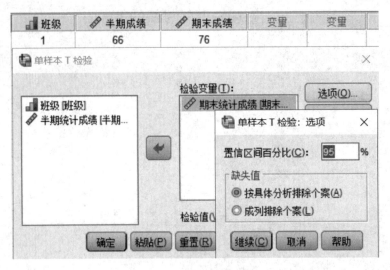

图 4-4

得出单个样本统计量结果，如图 4-5、图 4-6 所示。

单样本统计

	个案数	平均值	标准 偏差	标准 误差平均值
期末统计成绩	16	84.69	10.818	2.705

图 4-5

【注解】图 4-5 是统计系两个班 16 名学生期末成绩的描述性分析，包含的统计量有：样本量 $N=16$，平均成绩 84.69，标准差 $\sigma=10.818$，均值的标准误差 $\frac{\sigma}{\sqrt{n}}=2.705$。

单样本检验

	检验值 = 85					
	t	自由度	Sig.（双尾）	平均值差值	差值 95% 置信区间	
					下限	上限
期末统计成绩	-.116	15	.910	-.312	-6.08	5.45

图 4-6

【注解】图 4-6 的单个样本的检验结果是：

t 检验统计量：-0.116；自由度 $df = N-1 = 15$；双侧概率 P 值（Sig.）$= 0.910$。概率 P 值大于显著性水平 $\alpha = 0.05$，不应拒绝原假设，即统计系两个班学生的期末平均成绩与 85 分在 95% 的置信度下不存在显著性差异。

统计系学生期末平均成绩 95% 的置信区间为 $[85-6.08, 85+5.45] = [78.92, 90.45]$

【实战应用】

已知某银行储户存款调查数据（数据获取方式见实验三的【实战应用】），试问：

（1）某银行储户的平均存款与 2 500 在 95% 的置信度下是否具有显著性差异？

（2）某银行储户的平均存款在 95% 的置信度下的置信区间是多少？

【分析报告】

【分析报告基本格式】

实验项目			
实验日期		实验地点	
实验目的			
实验内容			
实验步骤			
实验结果			
实验分析			
实验小结			
备注			

实验五　两个独立样本的 t 检验

【实验目的】

1. 熟练掌握两个独立样本 t 检验的方法操作。
2. 准确掌握两个独立样本均值的置信区间求法。

【知识储备】

1. 两个独立样本 t 检验的基本概念

两个独立样本 t 检验是利用来自正态总体的两个独立样本的数据，来推断两个总体的均值是否存在显著性差异的一种统计推断方法。

2. 两个独立样本 t 检验的基本步骤

（1）提出原假设。两个独立样本 t 检验的原假设为两总体均值无显著性差异，即 H_0：$\mu_1 - \mu_2 = 0$，式中，μ_1 和 μ_2 分别为第一个和第二个总体的均值。

（2）选择检验统计量。

①当两总体方差相等时，两个独立样本 t 检验的统计量为

$$t = \frac{|\bar{X}_1 - \bar{X}_2|}{s_c\sqrt{\dfrac{1}{n_1} + \dfrac{1}{n_2}}} \tag{5.1}$$

②当两总体方差不相等时，比较两个样本的均值，需要先对变量进行适当变换，使样本方差具有齐性，再利用上述 t 检验计算公式进行计算和分析。方差齐性检验用 F 统计量进行检验，其基本原理是通过判断两组样本方差是否相等，间接地推断出两总体方差是否有显著性差异。

（3）统计决策。给定显著性水平 ∂ 后，首先需要利用 F 检验来判断两总体方差是否相等。

①如果 F 统计量的 P 值大于给定的显著性水平 ∂，则可认为两总体方差并无显著性差异，此时可进一步观察方差相等条件下的 t 检验结果，即如果 t 统计量的 P 值小于或等于给定的显著性水平 ∂，则可认为两总体均值之间存在显著性差异。相反，如果 P 值大于给定的显著性水平 ∂，则可认为两总体均值之间不存在显著性差异。

②如果进行 F 检验时，F 统计量的 P 值小于给定的显著性水平 ∂，则认为两总体方差有显著性差异，此时需进一步查看方差不相等条件下的 t 检验结果。

【实例演习】

【例】已知统计系两个班各 8 名学生半期和期末的统计成绩，如图 5-1 所示。

	班级	半期成绩	期末成绩
1	1	66	76
2	1	86	71
3	1	96	85
4	1	92	96
5	1	92	82
6	1	54	60
7	1	78	78
8	1	91	95
9	2	92	91
10	2	92	93
11	2	93	96
12	2	86	92
13	2	89	91
14	2	91	91
15	2	89	88
16	2	70	70

图 5-1

试问：（1）在 95% 的置信度下统计系两个班的学生的期末平均成绩是否具有显著性差异？

（2）统计系两个班的学生的期末平均成绩差的置信度为 95% 的置信区间是多少？

解：点击 分析(A) —— 比较平均值(M) —— 独立样本 T 检验，如图 5-2、图 5-3 所示。

图 5-2

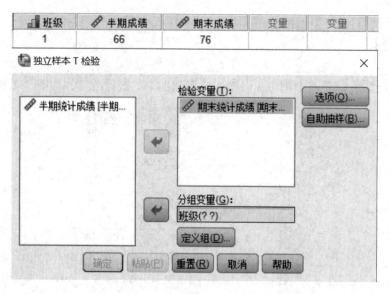

图 5-3

把期末成绩变量移至 检验变量(T): ，把班级变量移至 分组变量(G): ，点击 定义组(D)... ，弹出如图 5-4 所示对话框。

图 5-4

输入分组变量值，点击 继续(C) ，然后点击 选项(O) ，指定置信水平 置信区间百分比(C): [95]% 。点击 继续(C) ，再点击 确定 ，如图 5-5 所示。

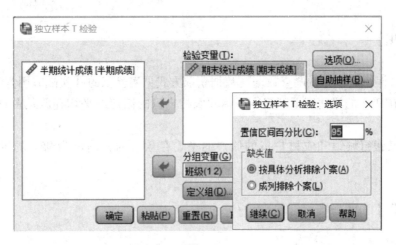

图 5-5

得到统计结果，如图 5-6、图 5-7 所示。

组统计

	班级	个案数	平均值	标准 偏差	标准 误差平均值
期末统计成绩	一班	8	80.38	12.011	4.247
	二班	8	89.00	8.000	2.828

图 5-6

【注解】图 5-6 是关于两独立样本 t 检验的基本描述统计量。

独立样本检验

		莱文方差等同性检验		平均值等同性 t 检验					差值 95% 置信区间	
		F	显著性	t	自由度	Sig.（双尾）	平均值差值	标准 误差差值	下限	上限
期末统计成绩	假定等方差	1.610	.225	-1.690	14	.113	-8.625	5.102	-19.568	2.318
	不假定等方差			-1.690	12.189	.116	-8.625	5.102	-19.723	2.473

图 5-7

【注解】图 5-7 是关于两独立样本 t 检验的检验结果。

利用 F 检验对两总体方差是否相等的检验：Levene 检验的 F 值 $=1.610$，对应的 P 值（Sig.）$= 0.225$。概率 P 值大于显著性水平 $\alpha = 0.05$，不应拒绝原假设，即两总体（两个班成绩）方差相等，通过了 Levene 方差齐性检验。

利用 t 检验对两总体均值差是否存在显著性差异的检验：

t 统计量值 $=-1.690$，对应的双侧概率 P 值（Sig.）$= 0.113$。概率 P 值大于显著性水平 $\alpha = 0.05$，不应拒绝原假设，即两总体均值差（两个班期末平均成绩差）不存在显著性差异。

两个总体均值差（两个班期末平均成绩差）的置信度为 95% 的置信区间为 $[-19.568，2.318]$。该置信区间包含 0，说明两总体均值差不存在显著性差异。

自由度 $df = 14$（$= 8+8-2$）；t 统计量的分子——两个总体均值差的均值 $= -8.625$；t 统计量的分母——两个总体均值差的标准误差。

【实战应用】

已知某银行储户存款调查数据（数据获取方式见实验三的【实战应用】），试问：

（1）在95%的置信度下某银行城镇和农村户口的储户的平均存款是否具有显著性差异？

（2）某银行城镇和农村户口的储户的平均存款差的置信度为95%的置信区间是多少？

【分析报告】

【分析报告基本格式】

实验项目			
实验日期		实验地点	
实验目的			
实验内容			
实验步骤			
实验结果			
实验分析			
实验小结			
备注			

实验六　配对样本的 t 检验

【实验目的】

1. 熟练掌握两个配对样本 t 检验的操作方法。
2. 准确掌握两个配对样本均值的置信区间求法。

【知识储备】

1. 配对样本 t 检验的基本思想

配对样本 t 检验是利用来自两个正态总体的配对样本数据,来推断两个总体的均值是否存在显著性差异。它与独立样本 t 检验的主要区别是其样本必须匹配。抽样过程中两个样本数据的获取不是相互独立的,而是相互关联的。配对样本通常具有两个特征:第一,两组样本的样本容量相同;第二,两组样本的观测值先后顺序一一对应,不能随意更改。

2. 配对样本 t 检验的基本步骤

(1) 提出原假设。配对样本 t 检验的原假设为两总体均值无显著性差异,即 H_0: $\mu_1 - \mu_2 = 0$,式中,μ_1 和 μ_2 分别为第一个和第二个总体的均值。

(2) 选择检验统计量。配对样本 t 检验实际上是先求出每对观测值之差,对差值变量求均值,再检验差值变量的均值之间的差异是否显著为 0。如果差值变量的均值与 0 无显著性差异,则说明两总体均值之间无显著性差异。配对样本 t 检验的实质是将两个配对样本的 t 检验变换成单样本 t 检验,检验统计量为

$$t = \frac{\bar{X} - \mu_0}{\sqrt{\dfrac{s^2}{n}}} \tag{6.1}$$

(3) 做出统计决策。计算检验统计量的观测值和对应的 P 值,并与给定的显著性水平 ∂ 进行比较。SPSS 能够自动计算两组样本的差值,然后再计算差值序列与 0 相比的 t 值及对应的 P 值。如果 P 值小于或等于给定的显著性水平 ∂,则拒绝 H_0,认为两总体均值之间存在显著性差异。相反,如果 P 值大于给定的显著性水平 ∂,则没有理由拒绝 H_0,认为两总体之间不存在显著性差异。

【实例演习】

【例】已知统计系两个班各 8 名学生半期和期末的统计成绩，如图 6-1 所示。

	班级	半期成绩	期末成绩
1	1	66	76
2	1	86	71
3	1	96	85
4	1	92	96
5	1	92	82
6	1	54	60
7	1	78	78
8	1	91	95
9	2	92	91
10	2	92	93
11	2	93	96
12	2	86	92
13	2	89	91
14	2	91	91
15	2	89	88
16	2	70	70

图 6-1

试问：（1）在 95% 的置信度下统计系两个班的学生的半期和期末的平均成绩是否具有显著性差异？

（2）统计系两个班的学生的半期和期末成绩差的置信度为 95% 的置信区间是多少？

解：点击 分析(A) —— 比较平均值(M) —— 成对样本 T 检验(P)，如图 6-2 所示，得到如图 6-3 所示对话框。

图 6-2

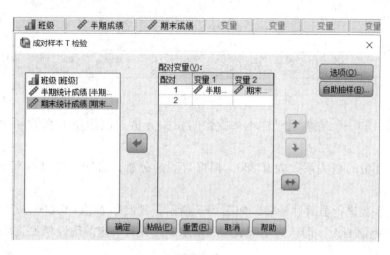

图 6-3

把 配 对 的 两 个 变 量 移 至 配对变量(V): 中，点击 选项(O)...，指 定 置 信 水 平 置信区间百分比(C): [95] %。点击 继续(C)，再点击 确定，如图 6-4 所示。

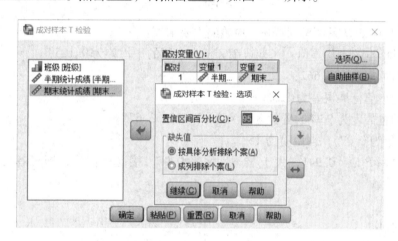

图 6-4

得到统计结果，如图 6-5、图 6-6、图 6-7 所示。

配对样本统计

		平均值	个案数	标准 偏差	标准 误差平均值
配对 1	半期统计成绩	84.81	16	11.783	2.946
	期末统计成绩	84.69	16	10.818	2.705

图 6-5

【注解】图 6-5 是配对样本 t 检验的基本描述性统计分析，包括均值、样本容量、标准差和均值的标准误差。从两对样本的均值变化可以看出：二者的均值不完全相等，其离散程度也不完全相同。但是，这二者是否具有显著性差异呢？这需要通过计算相应的 t 统计量来检验。

配对样本相关性

		个案数	相关性	显著性
配对 1	半期统计成绩 & 期末统计成绩	16	.830	.000

图 6-6

【注解】图 6-6 是两配对样本 t 检验的相关分析，包括相关系数和检验的概率 P 值。

这两个变量的相关系数为 0.830，根据直观的分析，说明二者具有高度的线性相关性。

对相关系数进行显著性检验，如图 6-7 所示，其概率 P 值 = 0.000，小于显著性水平 0.05，拒绝原假设，即认为半期成绩和期末成绩具有一定的线性相关关系。

配对样本检验

		配对差值							
					差值 95% 置信区间				
		平均值	标准 偏差	标准 误差平均值	下限	上限	t	自由度	Sig.（双尾）
配对 1	半期统计成绩 - 期末统计成绩	.125	6.662	1.666	-3.425	3.675	.075	15	.941

图 6-7

【注解】图 6-7 是两配对样本 t 检验的主要结果：

两配对样本的平均差值：半期成绩和期末成绩的平均差为 0.125；

差值的标准差为 6.662；

差值的均值标准误差为 1.666；

差值的置信度为 95% 的置信区间为 [-3.425，3.675]；

t 统计量为 0.075，自由度为 15；

双侧概率 P 值 = 0.941，大于显著性水平 0.05，接受原假设，即二者没有显著性差异。

【实战应用】

现在收集 35 名通过一定的锻炼进行减肥的女性在锻炼前后的体重数据（数据获取方式见实验三的【实战应用】），试问：

（1）在 95% 的置信度下锻炼前后的女性的平均体重是否具有显著性差异？

（2）锻炼前后的女性的平均体重差的置信度为 95% 的置信区间是多少？

骰子点数变量

	实测个案数	期望个案数	残差
1	40	50.0	-10.0
2	58	50.0	8.0
3	42	50.0	-8.0
4	56	50.0	6.0
5	62	50.0	12.0
6	42	50.0	-8.0
总计	300		

图 7-4

该统计检验的卡方值 = 9.440，自由度 df = 5，在原假设成立下的渐近显著性概率 P 值 = 0.093，如图 7-5 所示。因为概率 P 值 > 0.05，接受原假设（该骰子 6 个面出现点数的机会是均等的），故通过卡方检验判定：该骰子是均匀的。

检验统计量

	骰子点数变量
卡方	9.440[a]
df	5
渐近显著性	.093

a. 0 个单元 (.0%) 具有小于 5 的期望频率。单元最小期望频率为 50.0。

图 7-5

【例 2】现随机抽取某批产品中的 30 个样品进行检验，其检验结果如表 7-2 所示。

表 7-2　检验结果

合格（1）	24
不合格（0）	6

现利用二项分布检验方法，检验这批产品的合格率是否低于 90%。
第一步：先将表 7-2 转化为 SPSS 文件格式，如图 7-6 所示。

x	频数
合格	24
不合格	6

图 7-6

第二步：对频数变量进行加权，步骤如图 7-7 所示。

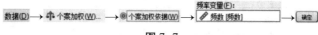

图 7-7

第三步：进行二项分布检验，步骤如图 7-8 所示。

分析(A) → 非参数检验(N) ▶ → 旧对话框(L) ▶ → ▦ 二项(B)...

图 7-8

将骰子点数变量 X 移入 检验变量列表(T): 对话框中，如图 7-9 所示。

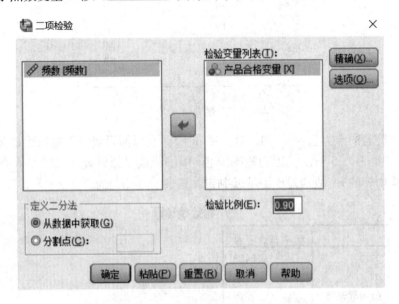

图 7-9

在 检验比例(E): 中输入检验概率值 0.9，单击 确定 按钮，得到如图 7-10 所示结果。

二项检验

		类别	个案数	实测比例	检验比例	精确显著性（单尾）
产品合格变量	组 1	合格	24	.8	.9	.073[a]
	组 2	不合格	6	.2		
	总计		30	1.0		

a. 备用假设指出第一个组中的个案比例 < .9。

图 7-10

【注解】由图 7-10 可知，30 个样品中，有 24 个合格品，占 80%；检验值 = 0.9；SPSS 判断 30 个样本为大样本，自动计算出渐近显著性概率 P 值 = 0.073。由于概率 P 值 > 0.05，接受原假设（合格品率不低于 0.9），故合格品率应该大于或等于 0.9。

【例 3】物理学家卢瑟福与盖革在一个著名的放射性物质实验中，记录了放射性物质在每 7.5 秒的时间间隔里到达盖革计数器的 α 粒子数 X，如表 7-3 所示。

表 7-3 放射性物质的观测结果

X	0	1	2	3	4	5	6	7	8	9	10
频数	37	203	383	525	532	408	273	139	45	27	16

试问：该分布是否服从泊松分布？

第一步：先将表 7-3 转化为 SPSS 文件格式，如图 7-11 所示。

X	频数
0	57
1	203
2	383
3	525
4	532
5	408
6	273
7	139
8	45
9	27
10	16

图 7-11

第二步：对频数变量进行加权，步骤如图 7-12 所示。

数据(D) → 个案加权(W)... → ◉个案加权依据(W) → 频率变量(F): 频数 → 确定

图 7-12

第三步：进行卡方检验，步骤如图 7-13 所示。

分析(A) → 非参数检验(N) ▸ 旧对话框(L) ▸ → 单样本 K-S(1)...

图 7-13

将骰子点数变量 X 移入 检验变量列表(T): 对话框中，如图 7-14 所示。

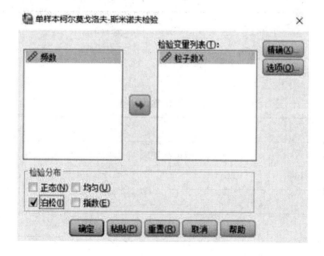

图 7-14

在 检验分布 中选择 ☑泊松(I)，单击 确定 按钮。由图 7-15 可知，样本量 $N = 2\,608$，泊松分布参数均值 $\lambda = 3.87$；最大极端差异绝对值 $= 0.012$，最大极端差异正数值 $= 0.010$，最大极端差异负数值 $= -0.012$。K-S 检验的 Z 值 $= 0.611$，渐近显著性概率 P 值 $=$

0.850。由于概率 P 值>0.05，接受原假设（该分布服从泊松分布），故 α 粒子数 $X\sim P(\lambda)$。

单样本柯尔莫戈洛夫-斯米诺夫检验

		粒子数X
个案数		2608
泊松参数[a,b]	平均值	3.87
最极端差值	绝对	.012
	正	.010
	负	-.012
柯尔莫戈洛夫-斯米诺夫 Z		.611
渐近显著性（双尾）		.850

a. 检验分布为泊松分布。

b. 根据数据计算。

图 7-15

【实战应用】

现有关于 100 名成年人某一项身体指标的数据（数据获取方式见实验三的【实战应用】），我们要检验它是否服从正态分布 N（7.36，0.16）。理论期望值如表 7-4 所示。

表 7-4　理论期望值

组限	6.6	6.8	7.0	7.2	7.4	7.6	7.8	8.0
组内频数	6.4	9.5	15.7	20.1	19.4	14.6	8.6	5.7

【分析报告】

【分析报告基本格式】

实验项目			
实验日期		实验地点	
实验目的			
实验内容			
实验步骤			
实验结果			
实验分析			
实验小结			
备注			

实验八 两独立样本非参数检验

【实验目的】

掌握两独立样本非参数检验的基本方法。

【知识储备】

当对总体分布了解较少时,对两组独立样本的检验,常应用两独立样本的非参数检验方法,推断产生样本的两个独立总体分布是否存在显著性差异。SPSS 提供了两独立样本非参数检验的主要方法:曼-惠特尼(Mann-Whitney)U 检验、K-S 检验、瓦尔德-沃尔福威茨游程(Wald-Wolfwitz runs)检验和莫斯极端反应(Moses extreme reaction)检验等。

原假设 H_0:产生两个独立样本的总体分布无显著性差异。

1. 曼-惠特尼(Mann-Whitney)U 检验

Mann-Whitney U 检验通过对两个样本平均秩的分析进行推断。其中秩指变量值排序的位次,即将数据按升序排序时,每个变量值在整个变量值序列中的位置或位次。

Mann - Whitney U 检验的基本思想是:首先,将两个样本数据 $(X_1, X_2, \cdots, X_m)$ 和 $(Y_1, Y_2, \cdots, Y_n)$ 混合后,按升序排序,求得每个观测数据各自的秩 R_i;其次,分别对样本 $(X_1, X_2, \cdots, X_m)$ 和 $(Y_1, Y_2, \cdots, Y_n)$ 的秩求平均值,得到两个平均秩 $\dfrac{W_X}{m}$、$\dfrac{W_Y}{n}$,其中 W_X、W_Y 为秩和统计量;再次,计算样本 $(X_1, X_2, \cdots, X_m)$ 中每个秩先于样本 $(Y_1, Y_2, \cdots, Y_n)$ 中每个秩的个数 U_1,以及样本 $(Y_1, Y_2, \cdots, Y_n)$ 中每个秩先于样本 $(X_1, X_2, \cdots, X_m)$ 中每个秩的个数 U_2,即

$$U_1 = \frac{W_X - 1}{2m(m + 1)}, \quad U_2 = \frac{W_Y - 1}{2n(n + 1)}, \quad U_1 + U_2 = m \times n \tag{8.1}$$

最后,计算 Wilcoxon W 统计量和 Mann-Whitney U 检验统计量。Wilcoxon W 统计量是 U_1 和 U_2 中的较小者所对应的秩和。Mann-Whitney U 检验统计量为

$$U = W - \frac{1}{2}k(k + 1) \tag{8.2}$$

式中,W 表示 Wilcoxon W 统计量,k 表示 W 对应的秩和所在组的样本量。

在小样本时,Mann-Whitney U 检验统计量服从 Mann-Whitney 分布,依据 U 统计

量进行决策；在大样本时，*Mann-Whitney U* 检验统计量近似服从 Mann-Whitney 分布，其中

$$Z = \frac{U - \frac{1}{2}mn}{\sqrt{\frac{1}{12}nm(m + n + 1)}}$$ (8.3)

依据 Z 统计量进行决策。

设显著性水平为 α，若概率 P 值$>\alpha$，则不能拒绝原假设，认为产生样本数据的总体分布与指定的二项分布无显著性差异；若概率 P 值$<\alpha$，则拒绝原假设，认为产生样本数据的总体分布与指定的二项分布存在显著性差异。

2. 瓦尔德-沃尔福威茨游程（Wald-Wolfwitz runs）检验

两独立样本的游程检验中，游程数依赖于变量的秩。其基本思想是：首先，将两样本混合后，按照升序排序；其次，对组标记值序列计算游程数；最后，根据游程数计算 Z 统计量

$$Z = \frac{r - \frac{2n_1 n_2}{n_1 + n_2} - 1}{\sqrt{\frac{2n_1 n_2(2n_1 n_2 - (n_1 + n_2))}{(n_1 + n_2)^2(n_1 + n_2 - 1)}}}$$ (8.4)

其中，r 表示游程数，n_1、n_2 分别表示样本量。

若概率 P 值$>\alpha$，则不能拒绝原假设，认为产生样本数据的总体分布与指定的二项分布无显著性差异；若概率 P 值$<\alpha$，则拒绝原假设，认为产生样本数据的总体分布与指定的二项分布存在显著性差异。

3. 莫斯极端反应（Moses extreme reaction）检验

莫斯极端反应检验的基本思想是：将一个样本作为控制样本，另一个样本作为实验样本。以控制样本作为对照样本，检验实验样本相对于控制样本是否出现了极端反应，即控制样本和实验样本的极值是否存在显著性差异。若没有出现极端反应，概率 P 值$>\alpha$，则不能拒绝原假设，认为两总体分布无显著性差异；若存在极端反应，概率 P 值$<\alpha$，则拒绝原假设，认为两总体分布存在显著性差异。

【实例演习】

【例】已知统计系两个班各 8 名学生期末的统计成绩（见图 8-1），由于成绩分布未知，试利用非参数检验方法，判定统计系两个班的学生的期末平均成绩在显著性水平为 0.05 时是否具有显著性差异。

	班级	期末成绩
1	1	76
2	1	71
3	1	85
4	1	96
5	1	82
6	1	60
7	1	78
8	1	95
9	2	91
10	2	93
11	2	96
12	2	92
13	2	91
14	2	91
15	2	88
16	2	70

图 8-1

依次点击 分析(A) ，非参数检验(N) ▶、旧对话框(L) ▶、2个独立样本... 。将期末成绩变量移入 检验变量列表(T): 对话框中，将班级变量移入 分组变量(G): 对话框中，如图 8-2 所示。

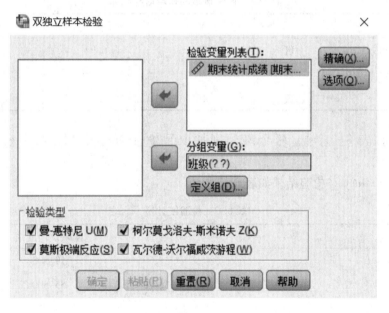

图 8-2

点击 定义组(D) ，在分组对话框的 组1: 和 组2: 中，分别输入 1 和 2，再点击 继续(C) ，如图 8-3 所示。在 检验类型 中，选择非参数检验方法。单击 确定 ，得到两个班级的秩均值和秩和，如表 8-1 所示。

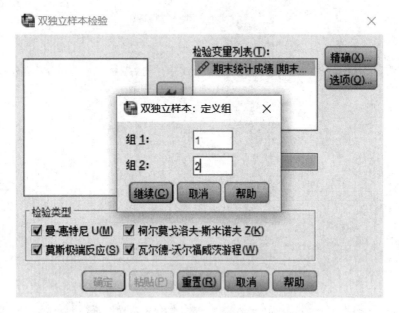

图 8-3

表 8-1　两个班级的秩均值和秩和

		N	秩均值	秩和
期末统计成绩	一班	8	6.94	55.50
	二班	8	10.06	80.50
	总数	16		

【注解】表 8-1 中，两个班分别抽取了 8 个样本数据，两个秩和分别为 55.50、80.50。

Mann-Whitney U 检验结果如表 8-2 所示。

表 8-2　检验统计量

	期末统计成绩
Mann-Whitney U	19.500
Wilcoxon W	55.500
Z	-1.318
渐近显著性（双侧）	0.188
精确显著性［2*（单侧显著性）］	0.195[a]

注：没有对结果进行修正；分组变量：班级。

【注解】选择一班的秩和来计算 Wilcoxon W 统计量（见图 8-2）。Mann-Whitney U 检验统计量 19.500，Z 检验统计量为-1.318。由于是小样本，选择精确显著性概率 P 值 = 0.195。因为概率 P 值 > 0.05，接受原假设（两个班期末成绩不存在显著性差异），故两个班期末成绩差不多。

双样本 Kolmogorov–Smirnov 检验结果如表 8–3 所示。

表 8–3　检验统计量

		期末统计成绩
最极端差别	绝对值	0.625
	正	0.625
	负	−0.125
Kolmogorov–Smirnov Z		1.250
渐近显著性（双侧）		0.088

注：分组变量：班级。

【注解】表 8–3 中，两个班的期末成绩累计概率的最大绝对差 $= 0.625$；Kolmogorov–Smirnov $Z = 1.250$，渐近显著性概率 P 值 $= 0.088$。由于概率 P 值 > 0.05，接受原假设，即两个班期末成绩差不多。

【实战应用】

为了检验是否存在显著性差异，我们从生产出来的产品中随机选取了 20 个产品（第一种 11 个，第二种 9 个）。由于产品的寿命分布未知，试利用非参数检验方法判定这两种工艺生产出来的产品的寿命是否存在显著性差别（数据获取方式见实验三的【实战应用】）。

【分析报告】

【分析报告基本格式】

实验项目			
实验日期		实验地点	
实验目的			
实验内容			
实验步骤			
实验结果			
实验分析			
实验小结			
备注			

实验九　单因素方差分析

【实验目的】

1. 熟练掌握单因素方差分析的基本思想和方法。
2. 熟练掌握单因素方差分析的 SPSS 操作技能。

【知识储备】

1. 单因素方差分析的基本概念

方差分析是检验两个或两个以上的样本均值之间的差异是否具有统计学意义的一种方法，目的是推断两个或两个以上的总体均值是否相同。它所研究的是分类型自变量对数值型因变量的影响。当只涉及一个分类型自变量时，该分析称为单因素方差分析；涉及两个或两个以上的分类型自变量时，则称为多因素方差分析。

2. 单因素方差分析的基本思路

不同处理下的样本均值之间的误差（SST）有两个来源：

（1）组内误差（SSE）。组内误差由样本的随机性造成。

（2）组间误差（SSA）。组间误差由不同处理下对应的总体均值水平高低不同造成。

SSE、SSA 各自除以其自由度，得组内均方（MSE）和组间均方（MSA）：

$$MSE = \frac{SSE}{n-r} \tag{9.1}$$

$$MSA = \frac{SSA}{r-1} \tag{9.2}$$

两者的比值服从 F 分布，分子自由度为 $r-1$，分母自由度为 $n-r$。

$$F = \frac{MSA}{MSE} \tag{9.3}$$

F 统计量的值偏大是总体均值存在明显差异的证据。

3. 单因素方差分析的基本步骤

（1）建立假设，$H_0: \mu_1 = \mu_2 = \cdots \mu_r = \mu$，$H_1: \mu_1, \mu_2, \cdots, \mu_r$ 并不都相等。

（2）计算样本均值：

$$\overline{\overline{X}} = \frac{\sum\limits_{j=1}^{r}\sum\limits_{i=1}^{n_j} X_{ij}}{n_T} \tag{9.4}$$

（3）计算总样本均值：

$$\overline{X}_j = \frac{\sum\limits_{i=1}^{n_j} X_{ij}}{n_j} \tag{9.5}$$

（4）计算样本方差：

$$s_j^2 = \frac{\sum\limits_{i=1}^{n_j}(X_{ij} - \overline{X}_j)}{n_j - 1} \tag{9.6}$$

（5）计算总体方差的组间估计：

$$MSA = \frac{SSA}{r-1} = \frac{\sum\limits_{j=1}^{r}(\overline{X}_j - \overline{\overline{X}})^2}{r-1} \tag{9.7}$$

（6）计算总体方差的组内估计：

$$MSE = \frac{SSE}{n_T - r} = \frac{\sum\limits_{j=1}^{r}(n_j - 1)s_j^2}{n_T - r} \tag{9.8}$$

（7）给定显著性水平 ∂。

（8）计算 F 统计量的值：

$$F = \frac{MSA}{MSE} \tag{9.9}$$

（9）编制方差分析表。方差分析表的一般格式如表 9-1 所示。

表 9-1　方差分析表

方差来源	离差平方和 SS	自由度	均方 MS	F 统计量
水平项（组间）	$SSA = \sum\limits_{i=1}^{k} n_i(\overline{x_i} - \overline{x})^2$	$k-1$	$MSA = SSA/(k-1)$	$F = MSA/MSE$
误差项（组内）	$SSE = \sum\limits_{i=1}^{k}\sum\limits_{j=1}^{n_i}(x_{ij} - \overline{x_i})^2$	$n-k$	$MSE = SSE/(n-k)$	
总和	$SST = \sum\limits_{i=1}^{k}\sum\limits_{j=1}^{n_i}(x_{ij} - \overline{x})^2$	$n-1$		

（10）做出统计决策。

4. 单因素方差中的多重比较

如果经过上述步骤推断出总体均值之间存在显著差异，接下来的问题就是确定自变量的不同水平对因变量的影响程度如何，以及其中哪些水平的作用明显区别于其他水平、哪些水平的作用不显著。这就要用到多重比较分析方法。

多重比较是利用样本数据，对各个水平下的总体均值逐一进行两两比较检验。由于所采用的检验统计量不同，多重比较有许多具体方法，最常用的是最小显著性差异法（LSD 法），检验的统计量是一个 t 统计量。

【实例演习】

【例】为了寻求高产水稻品种，现选择三种不同的品种进行试验，每一品种在四块试验田上试种，得到在每一块田上的亩（1 亩约等于 667 平方米，下同）产量如表 9-2 所示。假定每种品种的亩产量服从正态分布 $X_i \sim N$（μ_i，σ^2），$i=1$，2，3。试检验这三个品种的平均亩产量间有无明显差异（$\alpha=0.05$）。

表 9-2　不同水稻品种的亩产量对比

水稻品种	试验数据			
A_1	103	101	98	110
A_2	113	107	108	116
A_3	82	92	84	86

第一，把数据转化成 SPSS 文件数据，如图 9-1 所示。

	水稻品种	亩产量
1	1	103
2	1	101
3	1	98
4	1	110
5	2	113
6	2	107
7	2	108
8	2	116
9	3	82
10	3	92
11	3	84
12	3	86

图 9-1

第二，点击 分析(A) — 比较平均值(M) — 单因素 ANOVA 检验，如图 9-2（a）所示；把观测变量移至 因变量列表(E):，把控制变量移至 因子(F): 中，如图 9-2（b）所示。

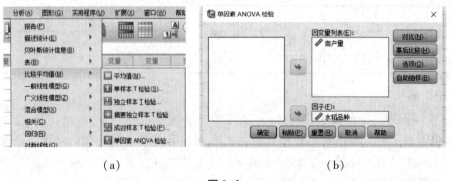

（a）　　　　　　　　　　　　　　　　（b）

图 9-2

第三，对方差分析的前提条件进行检验，点击 选项(O) ，如图 9-3 所示。

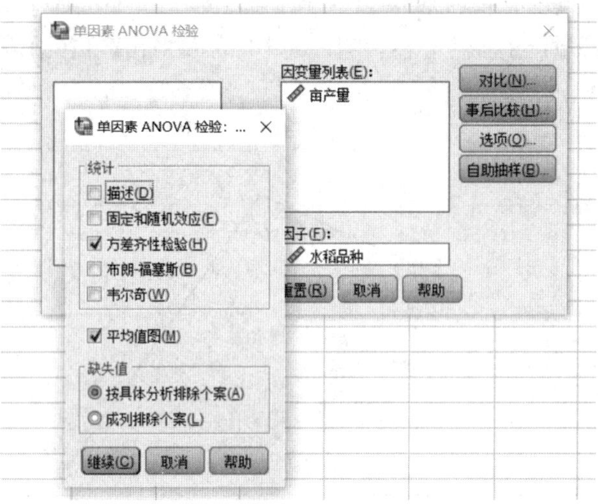

图 9-3

选择 ☑方差齐性检验(H) ，进行方差齐性检验，如图 9-4 所示。选择 ☑平均值图(M)，输出各水平下观测变量均值的折线图。点击 继续(C) ，再点击 确定 ，就进行了方差分析，如图 9-4、图 9-5、图 9-6 所示。

方差齐性检验

		莱文统计	自由度 1	自由度 2	显著性
亩产量	基于平均值	.056	2	9	.946
	基于中位数	.048	2	9	.954
	基于中位数并具有调整后自由度	.048	2	7.000	.954
	基于剪除后平均值	.055	2	9	.946

图 9-4

【注解】图 9-4 是方差齐性检验结果：Levene 统计量值为 0.056，对应的概率 P 值 = 0.946，大于显著性水平 0.05，不应拒绝原假设，即认为三种不同品种的水稻的亩产量的总体方差无显著性差异，满足方差分析的前提条件。

ANOVA

亩产量

	平方和	自由度	均方	F	显著性
组间	1304.000	2	652.000	31.213	.000
组内	188.000	9	20.889		
总计	1492.000	11			

图 9-5

【注解】图 9-5 是不同品种对亩产量单因素方差分析结果：观测变量亩产量的总离差平方和 = 1 492。其中不同品种对亩产量产生的（组间）离差平方和 = 1 304，对应的方差 = 652；抽样误差所引起的（组内）离差平方和 = 188，对应的方差 = 20.889。

F 统计量 = 组间离差平方和对应的方差÷组内离差平方和对应的方差

$$=652÷20.889≈31.213$$

F 统计量对应的概率 P 值=0.000，小于显著性水平 0.05，则应拒绝原假设，认为这三种不同品种对亩产量产生了显著性影响，或不同品种对亩产量的影响效应不全为 0。

平均值图

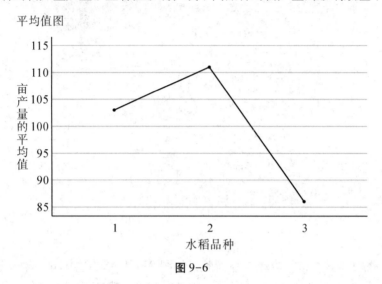

图 9-6

【注解】图 9-6 表示三种不同品种的亩产量的均值的折线图。

根据上面的单因素方差分析的基本分析得出：控制变量（品种）对观测变量（亩产量）产生了显著性影响。控制变量（品种）的不同水平对观测变量（亩产量）的影响程度到底如何呢？这需要做进一步的分析。

第四，多重比较检验。

点击 事后比较(H) ，如图 9-7 所示。

图 9-7

选择多重比较检验的方法：☑LSD 和 ☑S-N-K，再点击 继续(C) → 确定，如图9-8所示。

多重比较

因变量：亩产量

	(I) 水稻品种	(J) 水稻品种	平均值差值 (I-J)	标准 错误	显著性	95% 置信区间 下限	95% 置信区间 上限
LSD	1	2	-8.000*	3.232	.035	-15.31	-.69
		3	17.000*	3.232	.001	9.69	24.31
	2	1	8.000*	3.232	.035	.69	15.31
		3	25.000*	3.232	.000	17.69	32.31
	3	1	-17.000*	3.232	.001	-24.31	-9.69
		2	-25.000*	3.232	.000	-32.31	-17.69

*. 平均值差值的显著性水平为 0.05。

图 9-8

【注解】图9-8的第一、二列分别是水稻品种产量的均值差和标准误差，相除得检验统计量的观测值。第四、五列是水稻品种产量均值差的95%的置信区间的上、下限。

第三列是检验统计量的概率 P 值：

水稻品种1与品种2的概率 P 值 = 0.035，小于显著性水平0.05，说明水稻品种1与品种2的产量均值具有显著性差异；

水稻品种1与品种3的概率 P 值 = 0.001，小于显著性水平0.05，说明水稻品种1与品种3的产量均值具有显著性差异；

水稻品种2与品种3的概率 P 值 = 0.000，小于显著性水平0.05，说明水稻品种2与品种3的产量均值具有显著性差异。

图9-9是多重比较的相似性子集划分：形成了3个相似性子集，说明三组的均值有显著性差异，而组内的相似性概率为1。若从水稻产量的角度选择水稻品种，则水稻品种3是最差的。

齐性子集

亩产量

	水稻品种	个案数	Alpha 的子集 = 0.05 1	2	3
S-N-K[a]	3	4	86.00		
	1	4		103.00	
	2	4			111.00
	显著性		1.000	1.000	1.000

将显示齐性子集中各个组的平均值。
a. 使用调和平均值样本大小 = 4.000。

图 9-9

第五，趋势检验。

若需要考察随着控制变量（水稻品种）水平的变化，观测变量值（水稻产量）变化的总体趋势，则需要进一步进行趋势检验。这时要求控制变量是定序变量。假定水稻的不同品种的差异体现在含铁量的多少上（编号大的含铁高），那么我们需要分析随着含铁量的增高，水稻产量是否呈现某种趋势性的变化规律。

对水稻品种进行线性趋势检验：

点击 对比(N) ，选择 ☑多项式(P) 中的 线性▾ ，点击 继续(C) ，如图9-10所示，得出结果如图9-11、图9-12所示。

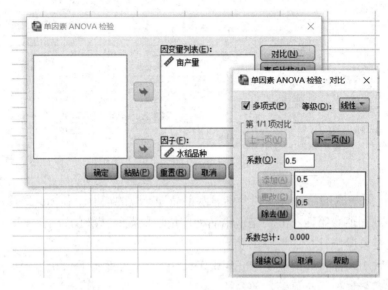

图 9-10

ANOVA

亩产量

		平方和	自由度	均方	F	显著性
组间	（组合）	1304.000	2	652.000	31.213	.000
	线性项 对比	578.000	1	578.000	27.670	.001
	偏差	726.000	1	726.000	34.755	.000
组内		188.000	9	20.889		
总计		1492.000	11			

图 9-11

ANOVA

亩产量

	平方和	自由度	均方	F	显著性
组间	1304.000	2	652.000	31.213	.000
组内	188.000	9	20.889		
总计	1492.000	11			

图 9-12

【注解】将水稻品种的趋势检验结果与之前的方差分析结果进行对比，我们可以看出，趋势检验将观测变量的组间离差平方和做了进一步的细分，把组间离差平方和分解为：可被水稻品种含铁量高低的线性解释的变差（578）和不可被水稻品种含铁量高低的线性解释的变差（726），即1 304=578+726。

可被水稻品种含铁量高低的线性解释的变差（578）实质是观测变量（水稻产量）为被解释变量，控制变量（水稻品种含铁量）为解释变量的一元线性回归分析中的回归平方和部分，体现的是：解释变量（水稻品种含铁量）对被解释变量（水稻产量）的线性贡献程度。对应的概率 P 值=0.001，小于显著性水平 0.05，拒绝原假设，即认为水稻品种含铁量与水稻产量之间不是零相关的，而具有一定的相关性。从图 9-6 可看出，它们之间存在一定的负相关关系。

第六，先验对比检验。

从多重比较分析中可知，三种水稻品种中水稻品种 3 的产量是最差的，其次是品种 1，最好的是品种 2。若需要看看品种 2 与品种 1 和品种 3 的整体效果是否存在显著性差异，可以进行先验对比检验。

点击 对比(N)，在 系数(O)：□ 中分别输入系数 0.5、−1、0.5，点击 继续(C)，如图 9-13 所示，得对比检验结果如图 9-14 和图 9-15 所示。

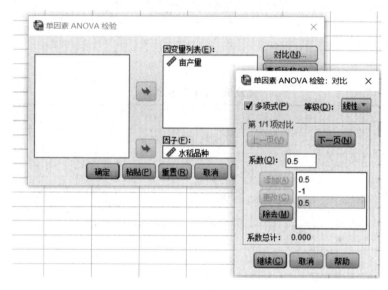

图 9-13

对比系数

对比	水稻品种		
	1	2	3
1	.5	-1	.5

图 9-14

【注解】图 9-14 是先验对比检验事先给定的各均值系数：0.5、−1、0.5，其和等于 0。

对比检验

		对比	对比值	标准 错误	t	自由度	Sig.（双尾）
由产量	假定等方差	1	-16.50	2.799	-5.895	9	.000
	不假定等方差	1	-16.50	2.700	-6.110	6.577	.001

图 9-15

【注解】图9-15是水稻品种2与品种1、品种3的整体效果的对比检验结果，其给出了方差相等和不相等情况下两个独立样本 t 检验的结果。之前通过了方差齐性检验，所以只看方差相等的第一行。对应的概率 P 值=0.000，小于显著性水平0.05，拒绝原假设，即认为水稻品种2与品种1、品种3的整体效果存在显著性差异。

【实战应用】

某企业为了制定其商品广告策略，对18个地区和4种不同广告形式的商品销售额分别进行单因素的方差分析（数据获取方式见实验三的【实战应用】）。试问：
（1）不同地区的销售额是否有显著性差异？
（2）不同广告形式的销售额是否有显著性差异？

【分析报告】

【分析报告基本格式】

实验项目			
实验日期		实验地点	
实验目的			
实验内容			
实验步骤			
实验结果			
实验分析			
实验小结			
备注			

实验十 多因素单变量方差分析

【实验目的】

1. 准确理解多因素方差分析的方法原理。
2. 熟练掌握多因素方差分析的 SPSS 操作。

【知识储备】

1. 多因素方差分析的基本思想

在方差分析中，当涉及两个或两个以上的分类型自变量时，就需要进行多因素方差分析。进行多因素方差分析时，首先要确定因变量和若干个自变量，其次分析数值型因变量的方差，最后分别比较因变量总离差平方和各部分所占比例，进而推断自变量以及因变量的交互作用是否给因变量带来了显著影响。

多因素方差分析将因变量观测值的总变差分解为三个组成部分：自变量独立作用的影响、自变量交互作用的影响和随机因素的影响。以双因素方差分析为例，即 SST = SSA+SSB+SSAB+SSE。其中，SST 为因变量的总变差；SSA 和 SSB 分别为自变量 A 和 B 独立作用引起的变差；SSAB 为自变量 A 和 B 两两交互作用引起的变差；SSE 为随机因素引起的变差。通常称 SSA+SSB 为主效应，SSAB 为交互效应，SSE 为剩余变差。SST 的数学表达式为

$$\text{SST} = \sum_{i=1}^{K} \sum_{j=1}^{n_j} (X_{ij} - \bar{X})^2 \tag{10.1}$$

式（10.1）中：K 为自变量的水平数；X_{ij} 为自变量第 i 个水平下第 j 个样本值；n_j 为自变量第 j 个水平下的样本个数；$\bar{X}$ 为因变量均值。

SSA 的数学表达式为

$$\text{SSA} = \sum_{i=1}^{K} \sum_{j=1}^{n_j} n_{ij} (\bar{X}_i^A - \bar{X})^2 \tag{10.2}$$

式（10.2）中：n_{ij} 为因素 A 第 i 个水平和因素 B 第 j 个水平下的样本观测值个数；$\bar{X}_i^A$ 为因素 A 第 i 个水平下因变量的均值。

SSB 的数学表达式为

$$\text{SSB} = \sum_{i=1}^{K} \sum_{j=1}^{n_j} n_{ij} (\bar{X}_j^B - \bar{X})^2 \tag{10.3}$$

式（10.3）中：n_{ij} 为因素 A 第 i 个水平和因素 B 第 j 个水平下的样本观测值个数；$\bar{X}_j^B$ 为因素 B 第 j 个水平下因变量的均值。

SSE 的数学定义为

$$SSE = \sum_{i=1}^{K} \sum_{j=1}^{n_j} \sum_{k=1}^{n_{ij}} (X_{ijk} - \bar{X}_{ij}^{AB})^2 \qquad (10.4)$$

式（10.4）中：$\bar{X}_{ij}^{AB}$ 为因素 A 和因素 B 分别在水平 i 和水平 j 下的因变量均值。

2. 多因素方差分析的理论假设

（1）各因素条件下的样本是随机的。

（2）各因素条件下的样本是相互独立的。

（3）各因素条件下的样本来自正态总体，且样本方差具有方差齐性。

3. 多因素方差分析的基本步骤

（1）提出原假设。多因素方差分析的原假设是：各自变量不同水平下的因变量总体的均值无显著差异，自变量各效应和交互作用效应同时为 0。

（2）选择检验统计量。多因素方差分析中采用的检验统计量为 F 统计量。固定效应模型中，如果有 A、B 两个自变量，通常对应三个 F 检验统计量

$$F_A = \frac{SSA/(k-1)}{SSE/kr(1-1)} = \frac{MSA}{MSE} \qquad (10.5)$$

$$F_B = \frac{SSB/(r-1)}{SSE/kr(1-1)} = \frac{MSB}{MSE} \qquad (10.6)$$

$$F_{AB} = \frac{SSAB/(r-1)(k-1)}{SSE/kr(1-1)} = \frac{MSAB}{MSE} \qquad (10.7)$$

（3）计算检验统计量的值及相应的 P 值。

（4）给定显著性水平 ∂，并做出决策。给定显著性水平 ∂，依次与各个检验统计量的 P 值进行比较。如果 P 值小于显著性水平 ∂，则应拒绝原假设；如果 P 值大于或者等于显著性水平 ∂，则没有理由拒绝原假设。

【实例演习】

【例】为了寻求高产水稻品种，现选择四种不同的品种进行试验，每一品种在四块不同土质的试验田上试种，得到在每一块田上的亩产量如图 10-1 所示。试检验水稻不同品种在不同土质的平均亩产量间有无明显差异（$\alpha = 0.05$）。

	🖊 水稻品种	🖊 土地	🖊 水稻产量
1	1	1	60
2	2	1	55
3	3	1	83
4	1	1	50
5	2	1	79
6	3	1	93
7	1	2	40
8	2	2	10
9	3	2	20
10	1	2	40
11	2	2	20
12	3	2	45

图 10-1

这是多因素单变量的方差分析问题：

第一步：点击 分析(A) → 一般线性模型(G) → 单变量(U)，如图 10-2、图 10-3 所示。

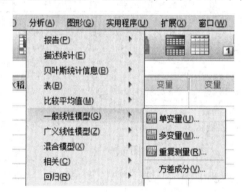

图 10-2

图 10-3

第二步，指定观测变量（水稻产量）到 因变量(D):中。

第三步，指定控制变量（水稻品种和土地质量）到固定效应模型 固定因子(F)：中。点击 确定 ，得到如图 10-4 所示的统计结果。

主体间因子

		个案数
水稻不同品种	1	4
	2	4
	3	4
土地质量	1	6
	2	6

图 10-4

【注解】图 10-4 是各控制变量的水平数。水稻品种的水平为 3，每个水平有 4 个案例；土地质量的水平为 2，每个水平有 6 个案例。

主体间效应检验结果如图 10-5 所示。

主体间效应检验

因变量：水稻产量

源	III 类平方和	自由度	均方	F	显著性
修正模型	6776.417[a]	5	1355.283	10.835	.006
截距	29502.083	1	29502.083	235.859	.000
水稻品种	767.167	2	383.583	3.067	.121
土地	5002.083	1	5002.083	39.990	.001
水稻品种 * 土地	1007.167	2	503.583	4.026	.078
误差	750.500	6	125.083		
总计	37029.000	12			
修正后总计	7526.917	11			

a. R 方 = .900（调整后 R 方 = .817）

图 10-5

【注解】第一列：对观测变量（水稻产量）总变差平方和的分解说明；

第二列：观测变量（水稻产量）总变差平方和分解的结果；

第三列：对应的自由度；

第四列：对应的均方；

第五列：对应的 F 检验统计量的观测值；

第六列：对应的检验统计量的概率 P 值。

观测变量（水稻产量）总变差平方和（SST）= 7 526.917，被分解为四部分：

（1）水稻品种（控制变量 1）不同引起的变差 = 767.167；

（2）土地质量（控制变量 2）不同引起的变差 = 5 002.083；

（3）水稻品种和土地质量交互作用引起的变差 = 1 007.167；

（4）随机因素引起的变差 = 750.5。

其中, 7 526.917＝ （767.167+5 002.083+1 007.167） +750.5
　　　　　　 =6 776.417+750.5

第三行：水稻品种对应的概率 P 值是 0.121，大于显著性水平 0.05，不应拒绝原假设，即认为水稻品种对产量均值不产生显著性影响。

第四行：土地质量对应的概率 P 值是 0.001，小于显著性水平 0.05，应拒绝原假设，即认为土地质量的不同对产量均值产生了显著性影响。

第五行：水稻品种与土地质量的交互作用对应的概率 P 值是 0.078，大于显著性水平 0.05，不应拒绝原假设，即认为水稻品种与土地质量的交互作用未对产量均值产生显著性影响。

第一行：校正模型对应的变差（6 776.417）＝水稻品种的变差（767.167）+土地质量的变差（5 002.083）+水稻品种和土地质量交互作用的变差（1 007.167）。

这表示线性模型整体对观测变量变差解释的部分，其对应的概率 P 值=0.006，小于显著性水平 0.05，应拒绝原假设，认为线性模型整体对产量均值产生了显著性影响，即观测变量（水稻产量）的变动主要是控制变量的不同水平引起的，控制变量能够较好地反映观测变量的变动，线性模型对观测变量具有一定的解释能力。

注脚中的 $R^2=0.9$，调整 $R^2=0.817$，反映的是多因素方差模型对观测变量数据的总体拟合程度，R^2 越接近 1，说明数据的拟合程度越高。因为是两个控制变量，应参考调整 R^2，可见，其拟合程度较好。

第四步，建立非饱和模型。

在上面的模型建立中，默认项是饱和模型。根据前面的分析，我们已知水稻品种与土地质量的交互作用对产量均值不产生显著性影响。这时，需要建立非饱和模型。图 10-6 至图 10-10 向我们展示了这一过程。

点击 模型(M)，得到如图 10-6 所示对话框。

图 10-6

点击 ◉ 构建项(B)，把 因子与协变量(F)：中的控制变量移至 模型(M)：中，在 构建项 中选择 类型(P)：

中的默认项 ，表示所有被选变量最高水平的交互效应，如图 10-7 所示。

图 10-7

在 中选择平方和的分解方法：默认项 （表示适用于 Ⅰ 型和 Ⅱ 型的所有模型，无缺失值的模型）；选择默认项 ，表示模型中包含截距项。点击 ，再点击 ，如图 10-8、图 10-9、图 10-10 所示。

图 10-8

主体间因子

		个案数
水稻不同品种	1	4
	2	4
	3	4
土地质量	1	6
	2	6

图 10-9

主体间效应检验

因变量：水稻产量

源	III 类平方和	自由度	均方	F	显著性
修正模型	5769.250ª	3	1923.083	8.753	.007
截距	29502.083	1	29502.083	134.278	.000
水稻品种	767.167	2	383.583	1.746	.235
土地	5002.083	1	5002.083	22.767	.001
误差	1757.667	8	219.708		
总计	37029.000	12			
修正后总计	7526.917	11			

a. R 方 = .766（调整后 R 方 = .679）

图 10-10

【注解】观测变量（水稻产量）总变差平方和（SST）= 7 526.917，被分解为三个部分：

（1）水稻品种（控制变量 1）不同引起的变差 = 767.167；

（2）土地质量（控制变量 2）不同引起的变差 = 5 002.083；

（3）水稻品种和土地质量交互作用引起的变差并入随机因素引起的变差 = 1 007.167+750.5 = 1 757.667。

其中，7 526.917 =（767.167+5 002.083）+（1 007.167+750.5）

= 5 769.25+1 757.667

第三行：土地质量对应的概率 P 值是 0.001，小于显著性水平 0.05，应拒绝原假设，即认为土地质量对产量均值产生了显著性影响。

第四行：水稻品种对应的概率 P 值是 0.235，大于显著性水平 0.05，不应拒绝原假设，即认为水稻品种对产量均值不产生显著性影响。

第一行：校正模型对应的变差（5 769.25）= 水稻品种的变差（767.167）+土地质量的变差（5 002.083）。

这表示线性模型整体对观测变量变差解释的部分，比饱和模型的解释部分减少了。其对应的概率 P 值 = 0.007，小于显著性水平 0.05，应拒绝原假设，认为线性模型整体对产量均值产生了显著性影响，即观测变量（水稻产量）的变动主要是控制变量的不同水平引起的，控制变量能够较好地反映观测变量的变动，线性模型对观测变量具有一定的解释能力。

注脚中的 $R^2 = 0.766$，调整 $R^2 = 0.679$，反映的是多因素方差模型对观测变量数据的总体拟合程度，R^2 越接近 1，说明数据的拟合程度越高。这比饱和模型中的拟合程度要低。

第五步，非饱和模型的进一步分析。

（1）均值检验。

从前面的分析中可知，土地质量的不同对产量均值产生了显著性影响。若需要对各个控制变量（土地质量）在不同水平下的均值是否存在显著性差异进行比较，可以进行均值检验。一是对比检验（对比(N)...），二是多重比较检验（事后比较(H)），其中多重比较检验至少需要 3 组，因为土地质量只有两组，所以只能做对比检验，其实质是单个样本的 t 检验：

点击对比(N)...，在对比(N): 中选择检验值：偏差（表示观测变量的均值），点击变化量(C)，再点击继续(C)，如图 10-11、图 10-12 所示。

图 10-11

对比结果（K 矩阵）

土地质量 偏差对比[a]		因变量 水稻产量
级别 1 与平均值	对比估算	20.417
	假设值	0
	差值（估算 - 假设）	20.417
	标准误差	4.279
	显著性	.001
	差值的 95% 置信区间 下限	10.549
	上限	30.284

a. 省略类别 = 2

图 10-12

【注解】图 10-12 是土地质量级别 1 下水稻产量均值检验结果，省略了土地质量级别 2 的检验结果。

第三行：土地质量级别 1 下水稻产量均值与检验值（观测变量均值）的差＝20.417。

第四行：标准误差＝4.279。

第五行：t 检验统计量的概率 P 值＝0.001，小于显著性水平 0.05，应拒绝原假设，即认为土地质量级别 1 下的产量均值与检验值（观测变量均值）间存在显著性差异，其明显高于总体水平。

第六行：土地质量级别 1 下水稻产量均值与检验值（观测变量均值）的差值的 95% 置信区间的下限＝10.549，上限＝30.284。

图 10-13 是控制变量（土地）的效应检验结果。土地质量对应的概率 P 值是 0.001，小于显著性水平 0.05，应拒绝原假设，即认为土地质量的不同对产量均值产生了显著性影响。

检验结果

因变量：水稻产量

源	平方和	自由度	均方	F	显著性
对比	5002.083	1	5002.083	22.767	.001
误差	1757.667	8	219.708		

图 10-13

（2）控制变量交互作用的图形分析。

点击 图(I) ，出现如图 10-14 所示对话框。

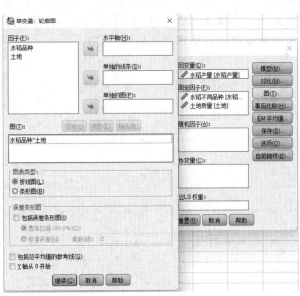

图 10-14

把控制变量 1（水稻品种）移至横坐标 水平轴(H): ，把控制变量 2（土地）移至分离线 单独的线条(S): ，点击 添加(A) ，再点击 继续(C) ，结果如图 10-15 所示。

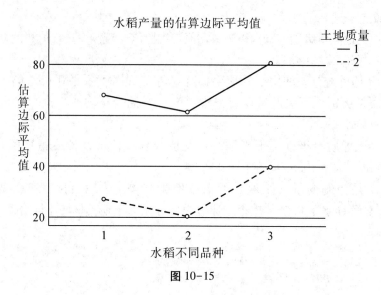

图 10-15

【注解】图 10-15 是交互作用的图形分析。其均值连线相互平行，说明不存在交互作用。

【实战应用】

某企业为了制定其商品广告策略，对 18 个地区和 4 种不同广告形式的商品销售额分别进行多因素方差分析（数据获取方式见实验三的【实战应用】）。试问：不同地区和不同广告形式的销售额是否有显著性差异？

【分析报告】

【分析报告基本格式】

实验项目			
实验日期		实验地点	
实验目的			
实验内容			
实验步骤			
实验结果			
实验分析			
实验小结			
备注			

实验十一　协方差分析

【实验目的】

1. 准确掌握协方差分析的方法原理。
2. 熟练掌握协方差分析的 SPSS 操作。

【知识储备】

1. 协方差分析的基本思想

协方差分析是传统方差分析方法的一种延续。不论是单因素方差分析，还是多因素方差分析，都不曾考虑协变量的存在，但协变量却会对因变量产生显著影响。为了更准确地研究变量（可控制变量）在不同水平下对因变量的影响，需要考虑协变量在其中的影响程度。这就是协方差分析所要解决的问题。从方法原理上看，协方差是介于方差分析和线性回归分析之间的一种统计分析方法。协方差分析将那些人为很难控制的因素作为协变量，并在排除协变量对因变量影响的条件下，分析可控制变量对因变量的作用，从而更加准确地对控制因素进行评价。

2. 协方差分析的理论假设

（1）协变量对因变量的线性影响不显著。

（2）在剔除协变量影响的条件下，可控制变量各水平下因变量的总体均值无显著性差异。

（3）可控制变量各水平对因变量的效应同时为零。

3. 协方差分析的数学模型

全模型：

$$y_{ij} = \beta_0 + q_i + \beta_1 X_{ij} + \varepsilon_{ij} \tag{11.1}$$

简略模型 I：

$$y_{ij} = \beta_0 + q_i + \varepsilon_{ij} \tag{11.2}$$

简略模型 II：

$$y_{ij} = \beta_0 + \beta_1 X_{ij} + \varepsilon_{ij} \tag{11.3}$$

其中，X 为协变量，q_i 为处理。全模型既考虑了协变量又考虑了处理对因变量的影响；简略模型 I 仅考虑了处理对因变量的影响；简略模型 II 仅考虑了协变量对因变量的影响。

4. 协方差分析的基本步骤

（1）计算 $F_1 = \dfrac{SSE_{RI} - SSE_F}{SSE_F/(N-t-1)}$，其自由度为（1，$N-t-1$），若 $F_2 \geqslant F_{(\partial,1,N-t-1)}$，则认为协变量和观测值有显著性关系。

（2）计算 $F_2 = \dfrac{(SSE_{RII} - SSE_F)/(t-1)}{SSE_F/(N-t-1)}$，其自由度为（$t-1$，$N-t-1$），若 $F_2 \geqslant F_{(\alpha,t-1,N-t-1)}$，则认为经过协变量调整后的观测值按照不同处理分组，各组之间的差异显著。其中，SSE_{RI} 为简略模型 I 的误差平方和，SSE_{RII} 为简略模型 II 的误差平方和。

（3）计算经协变量调整后各组处理的观测值均值（剔除协变量因素），调整方程为

$$\hat{\mu}_{Adj,i} = \hat{\beta}_0 + \hat{\beta}_i + \hat{\beta}_1 \bar{X} \tag{11.4}$$

式（11.4）中，$i = 2$，3，$\cdots$，t，t 等于处理个数加 1，$\bar{X}$ 为协变量的平均值。

【实例演习】

【例】为了提高大一学生的英语成绩，外语学院决定对学生实行一段时间的专门培训。现从大一学生中随机抽出 20 人，其培训前与培训后的成绩以及是否参加培训的数据如图 11-1 所示。

	培训前成绩	培训后成绩	培训状态
1	71	75	0
2	69	76	0
3	68	72	0
4	91	89	0
5	86	87	0
6	86	91	0
7	82	84	0
8	75	77	0
9	83	90	1
10	75	86	1
11	88	90	1
12	76	84	1
13	86	86	1
14	83	90	1
15	69	81	1
16	78	82	1
17	84	84	1
18	68	75	1
19	77	81	1
20	85	93	1

图 11-1

试分析：该培训是否对提高学生的英语成绩有效？

要分析培训是否对学生英语成绩的提高有显著性影响，若仅分析培训后的成绩与培训的关系，而忽视了学生培训前的水平，则得出的结论可能不正确。因此应尽量排除其他因素（如培训前成绩）的影响。协方差分析正是将难以人为控制的一些因素作为协变量（如培训前成绩），并在排除协变量对观测变量（培训后成绩）的影响下，分析控制变量（培训状态）对观测变量（培训后成绩）的作用。

第一步：协方差分析的前提检验。

（1）协变量（培训前成绩）与观测变量（培训后成绩）的线性检验——绘制培训前与培训后成绩的散点图。

点击 图形(G) → 旧对话框(L) → 散点图/点图(S)...，如图 11-2 所示，得到如图 11-3 所示对话框。

图 11-2

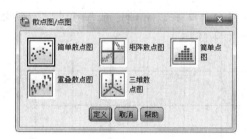

图 11-3

选择 简单散点图，点击 定义，得到如图 11-4 所示对话框。

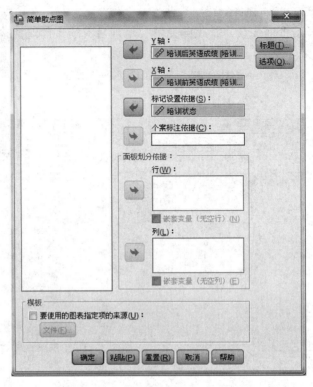

图 11-4

把培训前成绩变量移至 X轴：，培训后成绩变量移至 Y轴：，把培训状态移至 标记设置依据(S)：。点击 确定，得图 11-5。

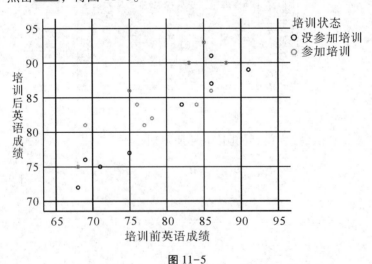

图 11-5

【注解】由图 11-5 可知，无论学生是否参加培训，其培训前成绩和培训后成绩均呈现出明显的线性关系，且各斜率基本相同。因此，培训前成绩可以作为协变量参与协变量方差分析。

（2）协变量（培训前成绩）与控制变量（培训状态）的无交互效应检验。

点击 分析(A) → 一般线性模型(G) → 单变量(U)... ，如图 11-6 所示。

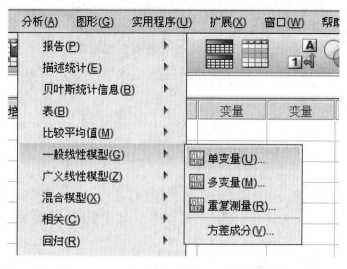

图 11-6

把观测变量（培训后成绩）移至 因变量(D): 中，把控制变量（培训状态）移至 固定因子(F): 中，把协变量（培训前成绩）移至 协变量(C): 中。在 模型(M)... 中选择不饱和模型 ◉构建项(B):。把协变量（培训前成绩）、控制变量（培训状态），尤其是二者的交互作用移至 模型(M): 中。点击 继续(C)，再点击 确定，如图 11-7、图 11-8 所示，得到如图 11-9 所示结果。

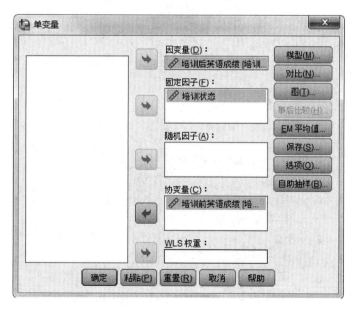

图 11-7

图 11-8

主体间效应检验

因变量：培训后英语成绩

源	III 类平方和	自由度	均方	F	显著性
修正模型	590.823ª	3	196.941	24.670	.000
截距	124.805	1	124.805	15.634	.001
培训前成绩	503.417	1	503.417	63.062	.000
培训状态	10.323	1	10.323	1.293	.272
培训状态 * 培训前成绩	6.658	1	6.658	.834	.375
误差	127.727	16	7.983		
总计	140665.000	20			
修正后总计	718.550	19			

a. R 方 = .822 (调整后 R 方 = .789)

图 11-9

【注解】协变量（培训前成绩）与控制变量（培训状态）的交互效应对应的概率 P 值 = 0.375，大于显著性水平 0.05，接受原假设，交互效应不显著，满足协方差分析平行性条件。

第二步：协变量方差分析。

点击 分析(A) → 一般线性模型(G) → 单变量(U)...，如图 11-10 所示。

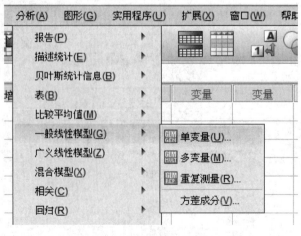

图 11-10

移入观测变量（培训后成绩）、控制变量（培训状态）、协变量（培训前成绩），如图 11-11 所示，得到如图 11-12、图 11-13 所示结果。

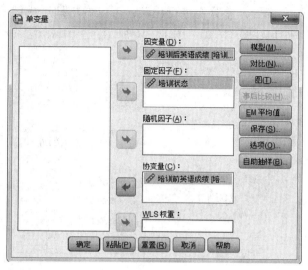

图 11-11

主体间因子

		值标签	个案数
培训状态	0	没参加培训	8
	1	参加培训	12

图 11-12

主体间效应检验

因变量：培训后英语成绩

源	III 类平方和	自由度	均方	F	显著性
修正模型	584.165[a]	2	292.083	36.949	.000
截距	120.991	1	120.991	15.306	.001
培训前成绩	515.157	1	515.157	65.169	.000
培训状态	48.999	1	48.999	6.198	.023
误差	134.385	17	7.905		
总计	140665.000	20			
修正后总计	718.550	19			

a. R 方 = .813（调整后 R 方 = .791）

图 11-13

【注解】图 11-13 是培训后成绩协方差分析结果。

第三行：培训前成绩（协变量）引起的变差 = 515.157；对应的概率 P 值是 0.000，小于显著性水平 0.05，应拒绝原假设，即认为培训前成绩（协变量）对培训后成绩均值产生了显著性影响。

第四行：培训状态（控制变量）不同引起的变差 = 48.999；对应的概率 P 值是 0.023，小于显著性水平 0.05，应拒绝原假设，即认为培训状态对培训后成绩均值产生了显著性影响。

第五行：随机因素引起的变差＝134.385。

第三步：为了与协变量方差分析进行比较，可以做培训后成绩的单因素方差分析以进行对比，如图11-14、图11-15、图11-16所示。

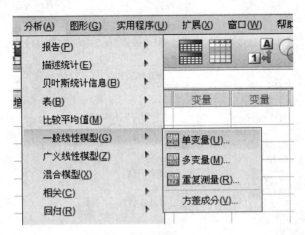

图 11-14

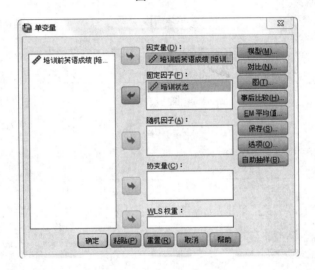

图 11-15

主体间效应检验

因变量：培训后英语成绩

源	III 类平方和	自由度	均方	F	显著性
修正模型	69.008ᵃ	1	69.008	1.912	.184
截距	133133.408	1	133133.408	3689.373	.000
培训状态	69.008	1	69.008	1.912	.184
误差	649.542	18	36.086		
总计	140665.000	20			
修正后总计	718.550	19			

a. R 方 = .096（调整后 R 方 = .046）

图 11-16

【注解】图 11-16 是培训后成绩的单因素方差分析结果，与协方差分析结果比较：观测变量（培训后成绩）的总变差＝718.55，与协方差分析中的一致。

随机因素可解释的变差由单因素方差分析中的 649.542，减少到 134.385。这是由于排除了协变量（培训前成绩）的影响而造成的。

【实战应用】

为了了解不同品种的饲料对生猪体重增加的影响，需要把喂养生猪前的体重影响排除。现收集了 3 种不同饲料对生猪喂养前后体重变化的影响的数据（数据获取方式见实验三的【实战应用】）。

试分析：不同饲料对生猪体重变化的影响情况。

【分析报告】

【分析报告基本格式】

实验项目			
实验日期		实验地点	
实验目的			
实验内容			
实验步骤			
实验结果			
实验分析			
实验小结			
备注			

实验十二　相关分析

【实验目的】

1. 准确掌握相关分析的方法原理。
2. 熟练掌握相关分析的 SPSS 操作。

【知识储备】

1. 简单相关分析的概念

相关分析是研究变量间关系密切程度的一种统计方法。线性相关分析研究两个变量间线性关系的强弱程度。相关系数是描述这种线性关系强弱的统计量，通常用 r 表示。

如果一个变量 Y 可以确切地用另一个变量 X 的线性函数表示，则两个变量间的相关系数是 1 或 -1。

变量 Y 随变量 X 的增加而增加或随变量的减少而减少，称为变化方向一致，这种相关称为正向相关，其相关系数大于 0。反之，相关系数小于 0。相关系数 r 没有计量单位，其值在 -1 和 1 之间。

2. 相关系数的计算方法

（1）Pearson 相关系数。

正态分布的定距尺度的变量 x 与变量 y 间的 Pearson 相关系数可以采用 Pearson 积矩相关公式计算，公式为

$$r_{xy} = \frac{\sum_{i=1}^{n} (x_i - \bar{x})(y_i - \bar{y})}{\sqrt{\sum_{i=1}^{n} (x_i - \bar{x})^2 \sum_{i=1}^{n} (y_i - \bar{y})^2}} \tag{12.1}$$

式（12.1）中，$\bar{x}$、$\bar{y}$ 分别是变量 x、y 的均值，x_i、y_i 分别是 x、y 的第 i 个观测值。

（2）Spearman 相关系数。

Spearman 相关系数是 Pearson 相关系数的非参数形式，是根据数据的秩而不是根据实际值计算的。也就是说，先对原始变量的数据排秩，根据秩使用 Spearman 相关系数公式进行计算。它适合定序尺度数据或不满足正态分布假设的定距尺度数据。Spearman 相关系数的数值也在 -1 和 1 之间，绝对值越大，表明相关性越强。变量 x 与变量 y 间

的 Spearman 相关系数的计算公式为

$$\theta = \frac{\sum (R_i - \bar{R})(S_i - \bar{S})}{\sqrt{\sum (R_i - \bar{R})^2 (S_i - \bar{S})^2}} \tag{12.2}$$

式（12.2）中，R_i 是第 i 个 x 值的秩，S_i 是第 i 个 y 值的秩。$\bar{R}$、$\bar{S}$ 分别是变量 R_i、S_i 的平均值。

（3）Kendall's tau-b 相关系数。

Kendall's tau-b 相关系数也是用来表示对两个有序变量或两个秩变量间的关系程度的一种系数。Kendall's tau-b 计算公式为

$$\tau = \frac{\sum_{i<j} \mathrm{sgn}(x_i - \bar{x}) \, \mathrm{sgn}(y_i - \bar{y})}{\sqrt{(T_0 - T_1)(T_0 - T_2)}} \tag{12.3}$$

式（12.3）中，$\mathrm{sgn}(z) = \begin{cases} 1, & \text{if } z>0 \\ 0, & \text{if } z=0 \\ -1, & \text{if } z<0 \end{cases}$

$$T_0 = n(n-2)/2 \quad T_1 = \sum t_i(t_i-1)/2 \quad T_2 = \sum u_i(u_i-1)/2$$

其中，t_i（或 u_i）是 x（或 y）的第 i 组结点 x（或 y）值的数目，n 为观测量数。

3. 相关系数的检验

人们通常是利用样本来研究总体特征的。由于抽样误差的存在，样本中两个变量之间的相关系数不为 0，不能说明总体中这两个变量间的相关系数不是 0，因此必须进行检验。检验的零假设是：总体中两个变量间的相关系数为 0。Pearson 和 Spearman 相关系数假设检验 t 值的计算公式为

$$t = \frac{\sqrt{n-2} \cdot r}{\sqrt{1-r^2}} \tag{12.4}$$

式（12.4）中，r 是相关系数，n 是样本观测数，$n-2$ 是自由度。当 $t>t_{0.05}(n-2)$ 时，$p<0.05$，拒绝原假设。在 SPSS 的相关分析过程中，只输出相关系数和假设成立的概率 P 值。

4. 偏相关分析

（1）偏相关分析的概念。

由于其他变量的影响，相关系数往往不能真正反映两个变量间的线性相关程度。偏相关分析就是在研究两个变量之间的线性相关关系时控制可能对其产生影响的变量。

（2）偏相关系数的计算。

控制了一个变量 z，变量 x、y 之间的偏相关系数计算公式为

$$r_{xy,z} = \frac{r_{xy} - r_{xz} r_{yz}}{\sqrt{(1-r_{xz}^2)(1-r_{yz}^2)}} \tag{12.5}$$

式（12.5）中的 $r_{xy,z}$ 是在控制了 z 的条件下，x、y 之间的偏相关系数；r_{xy} 是变量 x、y 间的简单相关系数或称零阶相关系数；r_{xz}、r_{yz} 分别是变量 x、z 间和变量 y、z 间的简单

相关系数，依此类推。

控制了两个变量 z_1、z_2，变量 x、y 之间的偏相关系数计算公式为

$$r_{xy,z_1z_2} = \frac{r_{xy} - r_{xz_2,z_1} r_{yz_2,z_1}}{\sqrt{(1-r_{xz_2,z_1}^2)(1-r_{yz_2,z_1}^2)}} \tag{12.6}$$

（3）偏相关系数的检验。

偏相关系数检验的零假设为：总体中两个变量间的偏相关系数为 0。使用 t 检验方法，公式为

$$t = \frac{\sqrt{n-k-2} \cdot r}{\sqrt{1-r^2}} \tag{12.7}$$

式（12.7）中，r 是相应的偏相关系数，n 是样本观测数，k 是可控变量的数目，$n-k-2$ 是自由度。当 $t>t_{0.05}(n-k-2)$ 时，$P<0.05$，拒绝原假设。在 SPSS 的相关分析过程中，只输出偏相关系数及 P 值。

【实例演习】

【例】根据某高校 16 位教师的学历、论文数和科研经费（见图 12-1），试求它们之间的相关性。

	学历	论文数	科研经费
1	1	37	33
2	1	13	4
3	1	36	13
4	1	12	16
5	2	48	5
6	2	23	1
7	2	12	14
8	3	29	9
9	3	18	11
10	3	18	17
11	3	11	15
12	3	25	12
13	4	24	33
14	4	19	49
15	4	42	70
16	4	21	19

图 12-1

第一步：从直观上判定论文数与科研经费之间的关联度并作散点图，如图 12-2、图 12-3 所示。

图 12-2

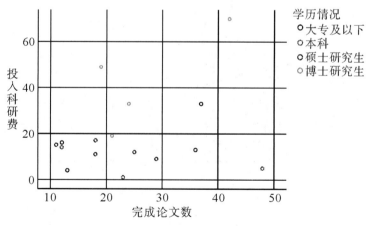

图 12-3 论文数与科研经费之间的相关性

【注解】从散点图 12-3 中可以看出：论文数与科研经费的相关性不是很大。

第二步：试求论文数与科研经费的相关系数。

点击 分析(A) → 相关(C) → 双变量(B)... ，如图 12-4 所示。

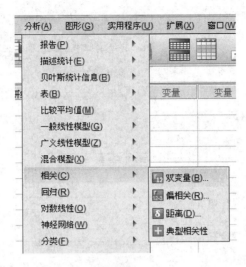

图 12-4

如图 12-5 所示，把要求的两个相关变量（论文数与科研经费）移至 变量(V): 中，因为都是定距数据，选择 相关系数 中的 ☑皮尔逊(N)，点击 确定 ，得到如图 12-6 所示的统计结果。

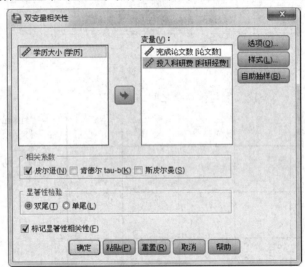

图 12-5

相关性

		完成论文数	投入科研费
完成论文数	皮尔逊相关性	1	.283
	Sig.（双尾）		.288
	个案数	16	16
投入科研费	皮尔逊相关性	.283	1
	Sig.（双尾）	.288	
	个案数	16	16

图 12-6

【注解】两个相关变量（论文数与科研经费）的 Pearson 相关系数 = 0.283>0，表示二者呈较弱的正相关关系；相关系数检验对应的概率 P 值 = 0.288，大于显著性水平 0.05，应接受原假设（两个变量之间不具有相关性），即论文数与科研经费之间的相关性不显著。

第三步：试求学历与论文数之间的相关性。因为学历是定序数据，因此，选择 相关系数 中的 ☑ 肯德尔tau-b(K) 和 ☑ 斯皮尔曼(S)，点击 确定，得到如图 12-7 所示的统计结果。

相关性

			完成论文数	学历大小
肯德尔 tau_b	完成论文数	相关系数	1.000	.057
		Sig.（双尾）	.	.778
		N	16	16
	学历大小	相关系数	.057	1.000
		Sig.（双尾）	.778	.
		N	16	16
斯皮尔曼 Rho	完成论文数	相关系数	1.000	.069
		Sig.（双尾）	.	.799
		N	16	16
	学历大小	相关系数	.069	1.000
		Sig.（双尾）	.799	.
		N	16	16

图 12-7

【注解】两个相关变量（论文数和学历）的 Kendall 相关系数 = 0.057>0，表示二者呈极弱的正相关关系；相关系数检验对应的概率 P 值 = 0.778，大于显著性水平 0.05，应接受原假设（两个变量之间不具有相关性），即论文数与学历之间的相关性不显著。

两个相关变量（论文数和学历）的 Spearman 相关系数 = 0.069>0，表示二者呈极弱的正相关关系；相关系数检验对应的概率 P 值 = 0.799，大于显著性水平 0.05，应接受原假设（两个变量之间不具有相关性），即论文数与学历之间的相关性不显著。

第四步：试求论文数与科研经费的偏相关系数。

在求论文数与科研经费的相关性时，学历和它们都有一定的关联性。因此，要求论文数与科研经费的净相关系数，需要剔除其他相关因素（学历）。这就是偏相关分析。点击 分析(A) → 相关(C) → 偏相关(R)，如图 12-8 所示。

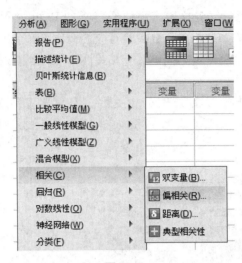

图 12-8

如图 12-9 所示，把所求相关变量（论文数和科研经费）移至 变量(V): ，把控制变量移至 控制(C): 中，点击 确定 ，得到如图 12-10 所示的统计结果。

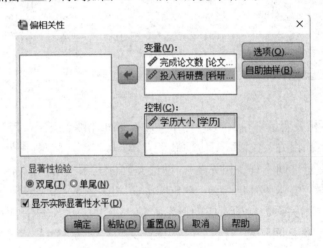

图 12-9

相关性

控制变量			完成论文数	投入科研费
学历大小	完成论文数	相关性	1.000	.339
		显著性（双尾）	.	.216
		自由度	0	13
	投入科研费	相关性	.339	1.000
		显著性（双尾）	.216	.
		自由度	13	0

图 12-10

【注解】图 12-10 中，两个相关变量（论文数和科研经费）的偏相关系数 = 0.339，说明二者呈较弱的正相关关系；对应的偏相关系数双侧检验概率 P 值 = 0.216，大于显著性水平 0.05，应接受原假设（两个变量之间不具有相关性），即论文数与科研经费之间的相关性不显著。

不过，与论文数和科研经费的相关分析比较：论文数与科研经费的 Pearson 相关系数 = 0.283，相关系数检验对应的概率 P 值 = 0.288。由此可见偏相关系数要大些，说明控制变量（学历）使得论文数和科研经费的相关性减弱了。

【实战应用】

请收集 30 名 10 岁男孩的身高（cm）、体重（kg）和肺活量（ml）的数据（数据获取方式见实验三的【实战应用】）。试分析身高和肺活量之间是否具有相关性。

【分析报告】

【分析报告基本格式】

实验项目			
实验日期		实验地点	
实验目的			
实验内容			
实验步骤			
实验结果			
实验分析			
实验小结			
备注			

实验十三　一元线性回归分析

【实验目的】

1. 准确理解一元线性回归分析的方法原理。
2. 熟练掌握一元线性回归分析的 SPSS 操作。

【知识储备】

回归分析是定量反映数值型变量之间明显存在的相关关系的一种统计推断方法。回归分析根据自变量的多少可分为一元回归分析和多元回归分析，根据关系类型可分为线性回归分析和非线性回归分析。

1. 一元线性回归分析的基本思路

一元线性回归分析就是在一个因变量与一个自变量之间进行的线性相关关系的统计推断。一元线性回归分析的理论模型为

$$y = \beta_0 + \beta_1 x + \varepsilon \tag{13.1}$$

其理论假设为

$$\begin{cases} \mathrm{E}(\varepsilon_i) = 0 \\ \mathrm{var}(\varepsilon_i) = \sigma^2 \\ \mathrm{cov}(\varepsilon_i, \ \varepsilon_j) = 0 \end{cases} \tag{13.2}$$

对于所有的 i 和 j，$i \neq j$。

一元线性回归的核心任务是根据样本数据求出未知参数 β_0 和 β_1 的估计值 $\hat{\beta}_0$ 和 $\hat{\beta}_1$，从而得出估计的回归方程为

$$y = \hat{\beta}_0 + \hat{\beta}_1 x + \varepsilon \tag{13.3}$$

检验 β_1 是否显著的统计量为 t 统计量。计算公式为

$$t = \frac{\beta_1}{s_{\beta_1}} \tag{13.4}$$

式（13.4）中，$s_{\beta_1} = \sqrt{\dfrac{\sum (y_i - \hat{y}_i)^2}{(n-2) \sum (x_i - \bar{x})^2}}$ \qquad (13.5)

当 $|t| > t_{\frac{a}{2}}(n-2)$ 时，线性关系成立。

2. 一元线性回归分析中的拟合优度检验

判断线性回归直线拟合优度的检验统计量为

$$R^2 = \frac{\sum (\hat{y}_i - \bar{y})^2}{\sum (y_i - \bar{y})^2} \tag{13.6}$$

式（13.6）中，$\sum (y_i - \bar{y})^2 = \text{SST}$，称为总平方和；$\sum (\hat{y}_i - \bar{y})^2 = \text{SSR}$，称为回归平方和。$\text{SSE} = \text{SST} - \text{SSR} = \sum (\hat{y}_i - y_i)^2$，称为残差平方和。

为消除自变量个数与样本量大小对判定系数的影响，又引入了调整的 R^2，计算公式为

$$R^2 = \frac{\sum (\hat{y}_i - \bar{y})/(n-k-1)}{\sum (y_i - \bar{y})^2/(n-1)} = 1 - \frac{\sum (y_i - \hat{y}_i)^2/(n-k-1)}{\sum (y_i - \bar{y})^2/(n-1)} \tag{13.7}$$

式（13.7）中，k 为自变量的个数，n 为样本观测数目。对于一元线性回归方程，$k=1$。

3. 一元线性回归分析中的 F 检验

回归方程显著性检验的统计量为 F 统计量：

$$F = \frac{\sum (\hat{y}_i - \bar{y})^2/k}{\sum (y_i - \hat{y}_i)^2/(n-k-1)} = \frac{R^2/k}{(1-r^2)/(n-k-1)} \sim F(k, n-k-1) \tag{13.8}$$

式（13.8）中，k 为解释变量的个数，n 为样本数。对于一元线性回归方程，$k=1$。

4. 一元线性回归分析中的残差分析

所谓残差是指由回归方程计算所得的预测值与真实值之间的差距，定义为

$$e_i = y_i - \hat{y}_i = y_i - (\hat{\beta}_0 + \hat{\beta}_1 x) \quad (i = 1, 2, \cdots, p) \tag{13.9}$$

它是回归模型中 ε_i 的估计值，由多个 e_i 形成的序列称为残差序列。可通过残差分析来证实模型假设。

5. 一元线性回归分析中的 DW 检验

在对回归模型的诊断中，需要诊断回归模型中残差序列的独立性。如果残差序列不相互独立，那么根据回归模型的任何估计与假设做出的结论都是不可靠的。检验残差序列相互独立性的统计量称为 DW 统计量。其取值范围为：0<DW<4。其统计学意义为：①若 DW=2，表明相邻两点的残差项相互独立；②若 0<DW<2，表明相邻两点的残差项正相关；③若 2<DW<4，表明相邻两点的残差项负相关。

6. 一元线性回归分析的基本步骤

（1）由样本数据绘制的散点图，判断变量之间是否存在线性相关关系。

（2）确定因变量与自变量，并初步设定回归方程。

（3）估计参数，建立回归预测模型。

（4）利用检验统计量对回归预测模型进行各项显著性检验。

（5）检验通过后，可利用回归模型进行预测，分析评价预测值。

【实例演习】

【例】我们根据随机收集的 20 对成年父子身高的数据（见图 13-1）来研究儿子的身高与父亲的身高到底有多大的关联程度，并研究能否通过父亲的身高对儿子的身高进行一定的预测。

	父亲身高	儿子身高
1	160	162
2	163	165
3	158	160
4	170	173
5	175	177
6	168	170
7	179	178
8	158	162
9	183	179
10	168	160
11	165	167
12	182	178
13	152	167
14	168	172
15	168	173
16	164	167
17	176	174
18	168	167
19	175	176
20	159	167

图 13-1

第一步：从直观的角度分析父亲的身高和儿子的身高是否具有关联度，如图 13-2 所示。

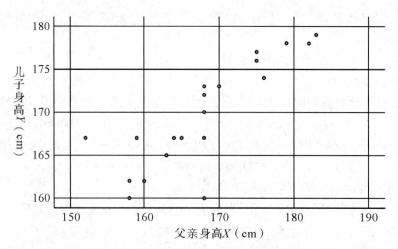

图 13-2　父亲身高与儿子身高图示

【注解】由散点图 13-2 可知：父亲身高与儿子身高具有一定的相关性。

第二步：从定量的角度研究父亲身高与儿子身高的关联度，并求相关系数，如图 13-3 所示。

相关性

		父亲身高X（cm）	儿子身高Y（cm）
父亲身高X（cm）	皮尔逊相关性	1	.833**
	Sig.（双尾）		.000
	个案数	20	20
儿子身高Y（cm）	皮尔逊相关性	.833**	1
	Sig.（双尾）	.000	
	个案数	20	20

**. 在 0.01 级别（双尾），相关性显著。

图 13-3

【注解】两个相关变量（父亲身高与儿子身高）的 Pearson 相关系数 = 0.833>0，表示二者呈高度的正相关关系；相关系数检验对应的概率 P 值 = 0.000，小于显著性水平 0.01，应拒绝原假设（两个变量之间不具有相关性），即父亲身高与儿子身高之间具有显著的相关性。

第三步：建立回归方程。

回归方程的建立，必须解决几个检验：

（1）回归方程对样本数据的拟合程度，对应的是回归方程的拟合优度检验。

（2）基于样本数据所确立的线性回归方程是否能拓展到总体？对应的是回归方程整体显著性检验（回归分析的方差分析）。

（3）每个解释变量对被解释变量的影响在总体中是否存在，对应的是回归系数的显著性检验。由于一元回归模型只涉及一个自变量，因此，回归方程整体显著性检验和回归系数的显著性检验是等价的。

点击 分析(A) → 回归(R) → 线性(L)...，如图 13-4 所示。

图 13-4

如图 13-5 所示，把被解释变量（儿子身高）移至 因变量(D): 中，把解释变量（父亲身高）移至 自变量(I): 中。在 统计(S)... 中的 回归系数 中选择输出统计量中的默认项 ☑估算值(E) 和 ☑模型拟合(M)，如图 13-6 所示。

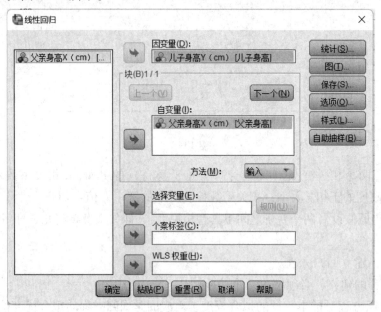

图 13-5

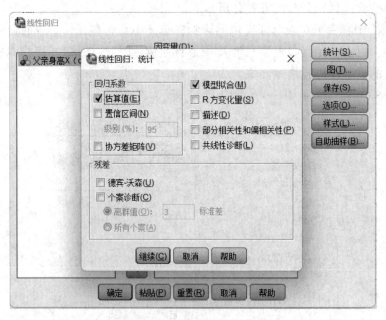

图 13-6

☑估算值(E)：默认项。输出与回归系数相关的统计量：回归系数、回归系数的标准误差、标准化回归系数、回归系数显著性检验的 t 统计量值和对应的概率 P 值。

☑模型拟合(M)：默认项。输出模型拟合相关的统计量：相关系数、判定系数、调整判定系数、回归方程的估计标准误差和回归方程整体显著性检验的方差分析表。

在 <u>选项(O)</u> 中选择默认项 ☑在方程中包括常量(I)，如图 13-7 所示。

图 13-7

☑在方程中包括常量(I)：默认项。表示线性回归方程中含有常数项。若不选此项，则回归模型经过原点，对某些回归结果的解释将不一样。

点击 <u>确定</u>，得到如图 13-8、图 13-9、图 13-10、图 13-11 所示的统计结果。

输入/除去的变量[a]

模型	输入的变量	除去的变量	方法
1	父亲身高X（cm）[b]	.	输入

a. 因变量：儿子身高Y（cm）

b. 已输入所请求的所有变量。

图 13-8

【注解】图 13-8 显示的是回归分析方法引入变量的方式，在 方法(M)：中选择。一元线性回归只有一个变量，此步意义不大。

模型摘要

模型	R	R 方	调整后 R 方	标准估算的错误
1	.833[a]	.694	.677	3.519

a. 预测变量：(常量)，父亲身高X（cm）

图 13-9

【注解】图 13-9 是回归方程的拟合优度检验。

第二列：两个变量（被解释变量和解释变量）的相关系数 $R = 0.833$。

第三列：被解释变量（儿子身高）和解释变量（父亲身高）的判定系数 R^2 等于 0.694，是一元线性回归方程拟合优度检验的统计量；判定系数越接近 1，说明回归方程对样本数据的拟合优度越高，被解释变量可以被模型解释的部分越多。

第四列：被解释变量（儿子身高）和解释变量（父亲身高）的调整判定系数 R^2 = 0.677。这主要适用于存在多个解释变量的时候。

第五列：回归方程的估计标准误差 = 3.519。

ANOVA[a]

模型		平方和	自由度	均方	F	显著性
1	回归	505.349	1	505.349	40.818	.000[b]
	残差	222.851	18	12.381		
	总计	728.200	19			

a. 因变量：儿子身高Y（cm）

b. 预测变量：(常量)，父亲身高X（cm）

图 13-10

【注解】图 13-10 是回归方程的整体显著性检验——回归分析的方差分析。

第二列：被解释变量（儿子身高）的总离差平方和 = 728.2，可分解为两部分：回归平方和 = 505.349；剩余平方和 = 222.851。

F 检验统计量的值 = 40.818，对应的概率 P 值 = 0.000，小于显著性水平 0.05，应拒绝回归方程显著性检验的原假设（回归系数与 0 不存在显著性差异）。结论：回归系数不为 0，被解释变量（儿子身高）与解释变量（父亲身高）的线性关系是显著的，可以建立线性模型。

系数[a]

模型		未标准化系数		标准化系数		
		B	标准错误	Beta	t	显著性
1	(常量)	67.283	16.050		4.192	.001
	父亲身高X（cm）	.610	.095	.833	6.389	.000

a. 因变量：儿子身高Y（cm）

图 13-11

【注解】图 13-11 表示的是回归方程的回归系数和常数项的估计值，以及回归系数的显著性检验。

第二列：常数项估计值 = 67.283，回归系数估计值 = 0.61。

第三列：回归系数的标准误差 = 0.095。

第四列：标准化回归系数 = 0.833。

第五、六列：回归系数 t 检验的 t 统计量值 = 6.389，对应的概率 P 值 = 0.000，小于显著性水平 0.05，拒绝原假设（回归系数与 0 不存在显著性差异）。结论：回归系数不为 0，被解释变量（儿子身高）与解释变量（父亲身高）的线性关系是显著的。

因此，回归方程为

$$\hat{y}_i = 67.283 + 0.61 x_i$$

第四步：回归方程的进一步分析，详见图 13-12 至图 13-16。

（1）在 统计(S)... 中选择其他输出统计量：

①在 回归系数 中选择：

☑️置信区间(N)：输出每个非标准化回归系数的95%置信区间。

系数^a

模型		未标准化系数		标准化系数	t	显著性	B 的 95.0% 置信区间	
		B	标准错误	Beta			下限	上限
1	(常量)	67.283	16.050		4.192	.001	33.563	101.002
	父亲身高X（cm）	.610	.095	.833	6.389	.000	.409	.810

a. 因变量：儿子身高Y（cm）

图 13-12

【注解】图 13-12 是回归方程的回归系数表：

第七、八列：非标准化回归系数的95%置信区间的上限和下限。

☑️描述(D)：输出各解释变量和被解释变量的均值、标准差、相关系数矩阵和单侧检验概率值。

描述统计

	平均值	标准偏差	个案数
儿子身高Y（cm）	169.70	6.191	20
父亲身高X（cm）	167.95	8.457	20

图 13-13

相关性

		儿子身高Y（cm）	父亲身高X（cm）
皮尔逊相关性	儿子身高Y（cm）	1.000	.833
	父亲身高X（cm）	.833	1.000
显著性（单尾）	儿子身高Y（cm）	.	.000
	父亲身高X（cm）	.000	.
个案数	儿子身高Y（cm）	20	20
	父亲身高X（cm）	20	20

图 13-14

②在残差分析残差中选择：

☑️德宾-沃森(U)：输出残差 Durbin-Waston 检验的相关统计量。

残差统计^a

	最小值	最大值	平均值	标准偏差	个案数
预测值	159.97	178.88	169.70	5.157	20
残差	-9.730	7.026	.000	3.425	20
标准预测值	-1.886	1.780	.000	1.000	20
标准残差	-2.765	1.997	.000	.973	20

a. 因变量：儿子身高Y（cm）

图 13-15

【注解】☑️个案诊断(C)：个案诊断。

◉离群值(O)：3　标准差：超过3倍（默认值）标准差以上的个案为奇异值。

所有个案(A)：显示所有变量的标准化残差、观测值和预测值、残差。

个案诊断^a

个案诊断ᵃ

个案号	标准残差	儿子身高Y (cm)	预测值	残差
1	-.811	162	164.85	-2.852
2	-.478	165	166.68	-1.681
3	-1.032	160	163.63	-3.632
4	.583	173	170.95	2.050
5	.853	177	174.00	3.001
6	.077	170	169.73	.270
7	.444	178	176.44	1.562
8	-.464	162	163.63	-1.632
9	.035	179	178.88	.122
10	-2.765	160	169.73	-9.730
11	-.256	167	167.90	-.901
12	-.076	178	178.27	-.268
13	1.997	167	159.97	7.026
14	.645	172	169.73	2.270
15	.929	173	169.73	3.270
16	-.083	167	167.29	-.291
17	-.173	174	174.61	-.609
18	-.776	167	169.73	-2.730
19	.569	176	174.00	2.001
20	.784	167	164.24	2.758

a. 因变量：儿子身高Y（cm）

图 13-16

【注解】图 13-16 中第 10 行的残差和标准化残差的绝对值最大。

（2）在 **图(T)** 中选择并利用图形进行残差分析，如图 13-17 所示。

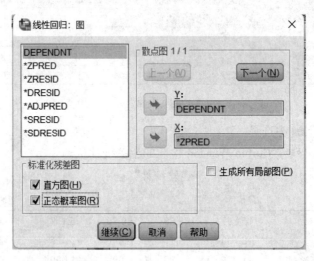

图 13-17

①散点图，如图 13-18 所示。

把因变量 DEPENDNT 移至 Y 轴，把标准化预测值 * ZPRED 移至 X 轴。

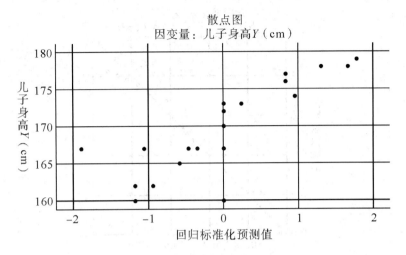

图 13-18　散点图

【注解】图 13-8 表示的是因变量与回归标准化预测值的散点图。两个变量呈直线趋势。

②回归标准残差直方图 ☑直方图(H)，如图 13-19 所示。

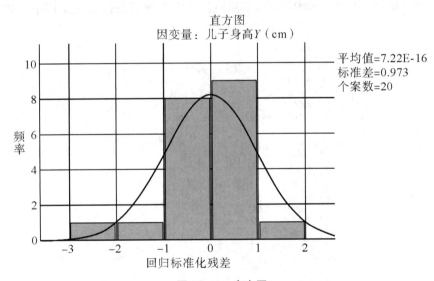

图 13-19　直方图

【注解】图 13-19 是回归标准残差直方图。

③回归标准化残差的标准正态 P-P 图，如图 13-20 所示。

回归标准化残差的正态P-P图
因变量：儿子身高Y（cm）

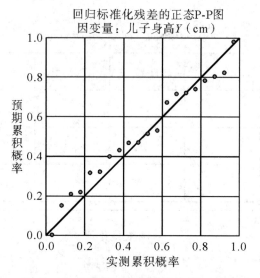

图13-20　回归标准化残差的标准 P-P 图

【注解】图13-20给出了实测值的残差分布与假设的正态分布之间的比较。若标准化残差呈正态分布，则标准化的残差散点应分布在直线上或靠近直线。

（3）在 保存(S) 中选择预测区间和预测值，并作为新变量保留在文档中，如图13-21所示。

图13-21

未标准化(U)：模型中因变量的非标准化预测值，如图13-22所示。

	🐾 父亲身高	🐾 儿子身高	🖉 PRE_1非标准化预测值
1	160	162	164.85202
2	163	165	166.68145
3	158	160	163.63240
4	170	173	170.95011
5	175	177	173.99915
6	168	170	169.73049
7	179	178	176.43839
8	158	162	163.63240
9	183	179	178.87763
10	168	160	169.73049
11	165	167	167.90106
12	182	178	178.26782
13	152	167	159.97355
14	168	172	169.73049
15	168	173	169.73049
16	164	167	167.29125
17	176	174	174.60896
18	168	167	169.73049
19	175	176	173.99915
20	159	167	164.24221

图 13-22

在 预测区间 中，选择平均预测区间 ☑平均值(M)，如图 13-23 所示。

	🐾 父亲身高	🐾 儿子身高	🖉 LMCI_1上限	🖉 UMCI_1下限
1	160	162	162.55553	167.14850
2	163	165	164.75333	168.60956
3	158	160	161.04137	166.22343
4	170	173	169.24678	172.65343
5	175	177	171.82407	176.17423
6	168	170	168.07749	171.38350
7	179	178	173.67391	179.20287
8	158	162	161.04137	166.22343
9	183	179	175.43662	182.31863
10	168	160	168.07749	171.38350
11	165	167	166.14542	169.65670
12	182	178	175.00127	181.53436
13	152	167	156.37321	163.57388
14	168	172	168.07749	171.38350
15	168	173	168.07749	171.38350
16	164	167	165.45830	169.12421
17	176	174	172.29851	176.91941
18	168	167	168.07749	171.38350
19	175	176	171.82407	176.17423
20	159	167	161.80224	166.68217

图 13-23

在 预测区间 中，选择个体预测区间 ☑单值(I)，如图 13-24 所示。

	父亲身高	儿子身高	LICI_1上限	UICI_1下限
1	160	162	157.11119	172.59284
2	163	165	159.04180	174.32109
3	158	160	155.79914	171.46566
4	170	173	163.36408	178.53614
5	175	177	166.29347	181.70483
6	168	170	162.15560	177.30538
7	179	178	168.54606	184.33072
8	158	162	155.79914	171.46566
9	183	179	170.72367	187.03158
10	168	160	162.15560	177.30538
11	165	167	160.30312	175.49901
12	182	178	170.18593	186.34970
13	152	167	151.75108	168.19601
14	168	172	162.15560	177.30538
15	168	173	162.15560	177.30538
16	164	167	159.67507	174.90744
17	176	174	166.86398	182.35394
18	168	167	162.15560	177.30538
19	175	176	166.29347	181.70483
20	159	167	156.45761	172.02681

图 13-24

【实战应用】

现要分析美国居民每年每人对饮料的需求量，已知影响饮料需求量的因素主要有价格、收入和气温三个（数据获取方式见实验三的【实战应用】），试求：

（1）饮料的需求量与价格的相关回归分析；
（2）饮料的需求量与收入的相关回归分析；
（3）饮料的需求量与气温的相关回归分析。

【分析报告】

【分析报告基本格式】

实验项目			
实验日期		实验地点	
实验目的			
实验内容			
实验步骤			
实验结果			
实验分析			
实验小结			
备注			

实验十四　多元线性回归分析

【实验目的】

1. 准确理解多元线性回归分析的方法原理。
2. 熟练掌握多元线性回归分析的 SPSS 操作。

【知识储备】

1. 多元线性回归模型

多元线性回归模型是指含有多个自变量的线性回归模型，用于解释因变量与其他多个自变量之间的线性关系。

多元线性回归模型的数学表达式为

$$y = \beta_0 + \beta_1 x_1 + \beta_2 x_2 + \cdots + \beta_k x_k + \varepsilon \tag{14.1}$$

式（14.1）中，因变量 y 的变化可由两个部分解释：一是 k 个自变量 x 的变化引起的 y 的变化部分；二是其他随机因素引起的 y 的变化部分，即 ε。β_0，β_1，β_2，$\cdots$，β_k 是模型中的未知参数，分别称为回归常数和偏回归系数，ε 称为随机误差，是一个随机变量。

根据样本数据得到未知参数 $\beta_0, \beta_1, \beta_2, \cdots, \beta_k$，其估计值为 $\hat{\beta}_0, \hat{\beta}_1, \hat{\beta}_2, \cdots, \hat{\beta}_k$。于是有

$$\hat{y} = \hat{\beta}_0 + \hat{\beta}_1 x_1 + \hat{\beta}_2 x_2 + \cdots + \hat{\beta}_k x_k \tag{14.2}$$

2. 回归系数的检验

多元线性回归分析中，回归系数显著性检验的原假设为 $H_0 : \beta_i = 0 (i = 1, 2, \cdots, k)$，即第 i 个偏回归系数与 0 无显著差异。检验 β_i 的显著性的统计量为 t 统计量：

$$t_i = \frac{\beta_i}{s_{\beta_i}} \tag{14.3}$$

式（14.3）中，$s_{\beta_i} = \sqrt{\dfrac{\sum (y_i - \hat{y}_i)^2}{(n - k - 1) \sum (x_{ji} - \bar{x}_i)^2}} \tag{14.4}$

当 $|t| > t_{\frac{a}{2}}(n - k - 1)$ 时，拒绝原假设。

3. 回归方程的检验

多元线性回归方程显著性检验的原假设为 $H_0: \beta_1 = \beta_2 = \cdots = \beta_k = 0$，检验的统计量为 F 统计量：

$$F = \frac{\sum (\hat{y}_i - \bar{y})^2 / k}{\sum (\hat{y}_i - \bar{y})^2 / (n - k - 1)} = \frac{R^2 / k}{(1 - R^2) / (n - k - m)} \sim F(k, n - k - 1)$$

$$(14.5)$$

式（14.5）中，k 为解释变量的个数，n 为样本数。SPSS 自动将 F 值与概率 P 值相对应，如果 P 值小于给定的显著性水平 ∂，则拒绝原假设。

4. 多元线性回归分析的基本步骤

（1）确定因变量与自变量，并初步设定多元线性回归方程。

（2）估计参数，确定估计多元线性回归方程。

（3）利用检验统计量对回归预测模型进行各项显著性检验。

（4）检验通过后，可以用回归模型进行预测，分析评价预测值。

【实例演习】

【例】现要研究高校科研项目立项的数目受哪些因素的影响。图 14-1 是 16 个高校的科研数据，试建立多元回归分析。

	人数	高称人数	科研经费	课题数	专著数	论文数	获奖数
1	6795	3737	339803	3261	2723	12270	237
2	1649	939	45392	991	488	3055	138
3	2367	1039	40631	839	412	4440	51
4	2514	1208	44154	902	581	4300	128
5	1430	797	9477	479	391	2801	119
6	5480	2436	138418	3110	961	10456	540
7	2157	982	49672	599	232	3897	9
8	1957	834	8418	770	412	3903	140
9	4427	2242	96011	1835	1126	11485	133
10	4234	1944	137897	2117	741	7705	232
11	1495	786	22335	696	248	2988	83
12	2359	1142	70955	1138	433	4788	144
13	1149	502	7845	282	149	1958	28
14	75	24	500	17	6	117	6
15	970	417	19613	530	163	2255	92
16	159	60	89	69	15	583	10

图 14-1

1. 回归分析的基本分析

点击 分析(A) → 回归(R) → 线性(L)，如图 14-2、图 14-3 所示。

图 14-2

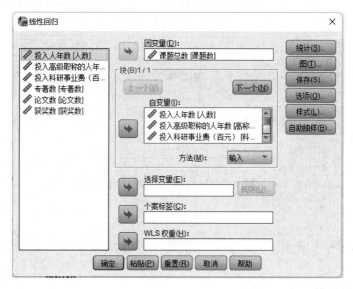

图 14-3

把被解释变量（课题数）移至 因变量(D): 中，把解释变量移至 自变量(I): 中。在 统计(S) 中的 回归系数 中选择输出统计量中的默认项 ☑估算值(E) 和 ☑模型拟合(M)，点击 确定，得到如图 14-4 至图 14-7 所示的统计结果。

输入/除去的变量[a]

模型	输入的变量	除去的变量	方法
1	获奖数,专著数,论文数,投入科研事业费（百元）,投入人年数,投入高级职称的人年数[b]	.	输入

a.因变量：课题总数

b.已输入所请求的所有变量。

图 14-4

【注解】在 方法(M): 中选择 输入 ，显示回归分析方法引入变量的方式。

模型摘要

模型	R	R 方	调整后 R 方	标准估算的错误
1	.998ᵃ	.996	.993	82.686

a. 预测变量：(常量), 获奖数, 专著数, 论文数, 投入科研事业费（百元）, 投入人年数, 投入高级职称的人年数

图 14-5

【注解】图 14-5 表示的是回归方程的拟合优度检验。

第二列：两个变量（被解释变量和解释变量）的复相关系数 $R = 0.998$。

第三列：被解释变量（课题数）和解释变量的判定系数 $R^2 = 0.996$。

第四列：被解释变量（课题数）和解释变量的调整判定系数 $R^2 = 0.993$。在存在多个解释变量的时候，需要参考调整的判定系数，其越接近 1，说明回归方程对样本数据的拟合优度越高，被解释变量可以被模型解释的部分越多。

第五列：回归方程的估计标准误差 $= 82.686$。

ANOVAᵃ

模型		平方和	自由度	均方	F	显著性
1	回归	14482208.04	6	2413701.339	353.039	.000ᵇ
	残差	61532.401	9	6836.933		
	总计	14543740.44	15			

a. 因变量：课题总数

b. 预测变量：(常量), 获奖数, 专著数, 论文数, 投入科研事业费（百元）, 投入人年数, 投入高级职称的人年数

图 14-6

【注解】图 14-6 表示的是回归方程的整体显著性检验——回归分析的方差分析结果。

第二列：被解释变量（课题数）的总离差平方和 = 14 543 740.44，被分解为两部分：回归平方和 = 14 482 208.04；剩余平方和 = 61 532.401。

F 检验统计量的值 = 353.039，对应的概率 P 值 = 0.000，小于显著性水平 0.05，应拒绝回归方程显著性检验的原假设（回归系数与 0 不存在显著性差异）即认为回归系数不为 0，被解释变量（课题数）与解释变量的线性关系是显著的，可以建立线性模型。

系数^a

模型		未标准化系数		标准化系数	t	显著性
		B	标准错误	Beta		
1	(常量)	-6.876	46.612		-.148	.886
	投入人年数	.002	.159	.004	.012	.991
	投入高级职称的人年数	.117	.394	.115	.298	.773
	投入科研事业费（百元）	.005	.001	.476	4.754	.001
	专著数	-.260	.201	-.172	-1.292	.228
	论文数	.085	.034	.322	2.542	.032
	获奖数	2.673	.296	.354	9.019	.000

a. 因变量：课题总数

图 14-7

【注解】图 14-7 表示的是回归系数的显著性检验以及回归方程的偏回归系数和常数项的估计值。

第二列：常数项估计值=-6.876；其余是偏回归系数估计值。

第三列：偏回归系数的标准误差。

第四列：标准化偏回归系数。

第五列：偏回归系数 t 检验的 t 统计量值。

第六列：t 统计量对应的概率 P 值，小于显著性水平 0.05，拒绝原假设（回归系数与 0 不存在显著性差异），即认为回归系数不为 0，被解释变量与解释变量的线性关系是显著的；P 值大于显著性水平 0.05，接受原假设（回归系数与 0 不存在显著性差异），即认为回归系数为 0，被解释变量与解释变量的线性关系不显著。

于是，多元线性回归方程为

$$\hat{y}_i = -6.876 + 0.02x_1 + 0.117x_2 + 0.005x_3 - 0.26x_4 + 0.085x_5 + 2.673x_6 \qquad (14.6)$$

2. 回归分析的进一步分析

（1）多重共线性检验。

在 统计(S) 中的 回归系数 中选择：

☑ 共线性诊断(L)：共线性诊断。输出共线性统计量［容差、方差膨胀因子（VIF）］和共线性诊断表，如图 14-8、图 14-9 所示。

系数^a

模型		未标准化系数		标准化系数	t	显著性	共线性统计	
		B	标准错误	Beta			容差	VIF
1	(常量)	-6.876	46.612		-.148	.886		
	投入人年数	.002	.159	.004	.012	.991	.005	194.932
	投入高级职称的人年数	.117	.394	.115	.298	.773	.003	318.061
	投入科研事业费（百元）	.005	.001	.476	4.754	.001	.047	21.320
	专著数	-.260	.201	-.172	-1.292	.228	.026	37.877
	论文数	.085	.034	.322	2.542	.032	.029	34.234
	获奖数	2.673	.296	.354	9.019	.000	.305	3.279

a. 因变量：课题总数

图 14-8

【注解】图 14-8 中：

第七列：各变量容差。

第八列：各变量方差膨胀因子。

从容差和方差膨胀因子来看，投入人年数和投入高级职称的人年数两个变量与其他解释变量的多重共线性很严重，在重新建模时可以考虑剔除该变量。

共线性诊断[a]

模型	维	特征值	条件指标	方差比例						
				(常量)	投入人年数	投入高级职称的人年数	投入科研事业费（百元）	专著数	论文数	获奖数
1	1	6.173	1.000	.00	.00	.00	.00	.00	.00	.00
	2	.482	3.579	.23	.00	.00	.01	.00	.00	.02
	3	.252	4.945	.18	.00	.00	.00	.00	.00	.40
	4	.064	9.828	.28	.00	.00	.10	.01	.07	.22
	5	.023	16.291	.01	.00	.00	.43	.36	.00	.12
	6	.005	36.910	.27	.13	.05	.45	.00	.92	.16
	7	.001	89.894	.04	.86	.95	.00	.62	.00	.08

a. 因变量：课题总数

图 14-9

【注解】图 14-9 中：

第二列：特征根。

第三列：条件指数。

从条件指数看，第 5、6、7 个条件指数都大于 10，说明变量之间存在多重共线性。

第四~十列：各特征根解释各解释变量的方差比。

从方差比来看，第 7 个特征根解释投入人年数 86%，解释投入高级职称的人年数 95%，解释专著数 62%。可以认为，这些变量存在多重共线性。需要重新建立回归方程。

（2）重建回归方程。

在 方法(M) 中的 ▢后退▾ 中：在 ▢统计(S) 中的 回归系数 中选择 ☑R方变化量(S)；在 残差 中选择 ☑德宾-沃森(U)，如图 14-10 至图 14-15 所示。

输入/除去的变量[a]

模型	输入的变量	除去的变量	方法
1	获奖数, 专著数, 论文数, 投入科研事业费（百元）, 投入人年数, 投入高级职称的人年数[b]		输入
2	.	投入人年数	向后（准则：要除去的 F 的概率 >= .100）.
3	.	投入高级职称的人年数	向后（准则：要除去的 F 的概率 >= .100）.

a. 因变量：课题总数

b. 已输入所请求的所有变量。

图 14-10

【注解】图 14-10 分别剔除了投入人年数和投入高级职称的人年数两个变量。

模型摘要^d

模型	R	R 方	调整后 R 方	标准估算的错误	更改统计					德宾-沃森
					R 方变化量	F 变化量	自由度 1	自由度 2	显著性 F 变化量	
1	.998^a	.996	.993	82.686	.996	353.039	6	9	.000	
2	.998^b	.996	.994	78.443	.000	.000	1	9	.991	
3	.998^c	.996	.994	75.987	.000	.322	1	10	.583	1.502

a. 预测变量：(常量)，获奖数，专著数，论文数，投入科研事业费（百元），投入人年数，投入高级职称的人年数
b. 预测变量：(常量)，获奖数，专著数，论文数，投入科研事业费（百元），投入高级职称的人年数
c. 预测变量：(常量)，获奖数，专著数，论文数，投入科研事业费（百元）
d. 因变量：课题总数

图 14-11

【注解】图 14-11 表示的是利用向后筛选策略建立回归模型。经过 3 步完成回归方程的建立，最终模型为第 3 个模型。依次剔除的变量是：投入人年数、投入高级职称的人年数。

模型 3 的复相关系数 $R = 0.998$。

判别系数 $R^2 = 0.996$。

调整判别系数 $R^2 = 0.994$；若将作用不显著的变量引入方程，则该系数会减少。

估计的标准误差 $= 75.9867$。

模型 2 中偏 F 检验的概率 P 值 $= 0.991$，大于显著性水平 0.05，接受原假设（剔除变量的偏回归系数与 0 无显著性差异），即认为剔除的变量投入人年数的偏回归系数与 0 无显著性差异。该变量对被解释变量的线性解释没有显著性贡献，不应保留在回归方程中。

模型 3 中偏 F 检验的概率 P 值 $= 0.583$，大于显著性水平 0.05，接受原假设（剔除变量的偏回归系数与 0 无显著性差异），即认为剔除的变量投入高级职称的人年数的偏回归系数与 0 无显著性差异。该变量对被解释变量的线性解释没有显著性贡献，不应保留在回归方程中。

最终保留在回归方程中的变量有：获奖数、专著数、论文数和投入科研事业费。

回归方程的 DW 检验值 $= 1.502$，表示残差序列存在正相关。这说明回归方程没能够充分说明被解释变量的变化规律，可能方程中遗漏了一些重要解释变量。

ANOVA^a

模型		平方和	自由度	均方	F	显著性
1	回归	14482208.04	6	2413701.339	353.039	.000^b
	残差	61532.401	9	6836.933		
	总计	14543740.44	15			
2	回归	14482207.04	5	2896441.408	470.710	.000^c
	残差	61533.397	10	6153.340		
	总计	14543740.44	15			
3	回归	14480226.61	4	3620056.654	626.960	.000^d
	残差	63513.823	11	5773.984		
	总计	14543740.44	15			

a. 因变量：课题总数
b. 预测变量：(常量)，获奖数，专著数，论文数，投入科研事业费（百元），投入人年数，投入高级职称的人年数
c. 预测变量：(常量)，获奖数，专著数，论文数，投入科研事业费（百元），投入高级职称的人年数
d. 预测变量：(常量)，获奖数，专著数，论文数，投入科研事业费（百元）

图 14-12

【注解】图 14-12 表示的是回归方程的整体显著性检验——回归分析的方差分析。

模型 3 是最终方程。回归方程显著性检验的概率 P 值 $= 0.000$，小于显著性水平 0.05，拒绝原假设（回归系数与 0 不存在显著性差异），即认为回归系数不为 0，被解

释变量（课题数）与解释变量的线性关系是显著的，建立线性模型是恰当的。

系数^a

模型		未标准化系数		标准化系数	t	显著性
		B	标准错误	Beta		
1	(常量)	-6.876	46.612		-.148	.886
	投入人年数	.002	.159	.004	.012	.991
	投入高级职称的人年数	.117	.394	.115	.298	.773
	投入科研事业费（百元）	.005	.001	.476	4.754	.001
	专著数	-.260	.201	-.172	-1.292	.228
	论文数	.085	.034	.322	2.542	.032
	获奖数	2.673	.296	.354	9.019	.000
2	(常量)	-6.856	44.191		-.155	.880
	投入高级职称的人年数	.121	.214	.119	.567	.583
	投入科研事业费（百元）	.005	.001	.476	5.152	.000
	专著数	-.261	.140	-.174	-1.861	.092
	论文数	.085	.031	.323	2.790	.019
	获奖数	2.675	.252	.354	10.619	.000
3	(常量)	8.142	34.303		.237	.817
	投入科研事业费（百元）	.006	.001	.507	7.030	.000
	专著数	-.219	.116	-.146	-1.896	.085
	论文数	.101	.013	.382	8.011	.000
	获奖数	2.731	.224	.362	12.182	.000

a. 因变量：课题总数

图 14-13

【注解】图 14-13 表示的是偏回归系数的显著性检验结果。

模型 3 是最终方程，其解释变量为：投入科研事业费、论文数和获奖数，对应的概率 P 值 = 0.000，小于显著性水平 0.05，这三个解释变量与被解释变量（课题数）间的线性关系显著，保留在模型中是合理的。专著数的概率 P 值 = 0.085，稍大于显著性水平 0.05，小于 0.10，在模型显著性水平 0.10 下是显著的，故模型没有排除该解释变量。最终的多元线性回归方程为

课题数 = 8.142 + 0.006 × 投入科研事业费 + 0.101 × 论文数 + 2.731 × 获奖数 − 0.219 × 专著数

排除的变量^a

模型		输入 Beta	t	显著性	偏相关	共线性统计容差
2	投入人年数	.004^b	.012	.991	.004	.005
3	投入人年数	.078^c	.470	.648	.147	.016
	投入高级职称的人年数	.119^c	.567	.583	.177	.010

a. 因变量：课题总数

b. 模型中的预测变量：(常量)，获奖数，专著数，论文数，投入科研事业费（百元），投入高级职称的人年数

c. 模型中的预测变量：(常量)，获奖数，专著数，论文数，投入科研事业费（百元）

图 14-14

【注解】图 14-14 表示的是模型剔除变量后的统计结果。

对每一模型，给出了对应的标准化回归系数（Beta in）、Beta t 值、回归系数概率 P 值、偏相关系数和共线性统计量容许值。

模型 2：把解释变量（投入人年数）纳入模型 a 中，此时模型的解释变量成为 a 中的预测变量 + 投入人年数。对应的回归系数概率 P 值 = 0.991，大于显著性水平 0.05，

回归系数检验不显著，说明解释变量（投入人年数）不能纳入回归模型 a 中。

模型 3：第一行，把解释变量（投入人年数）纳入模型 b 中，此时模型的解释变量成为 b 中的预测变量+投入人年数。对应的回归系数概率 P 值=0.648，大于显著性水平 0.05，回归系数检验不显著，说明解释变量（投入人年数）不能纳入回归模型 b 中。

第二行，把解释变量（投入高级职称的人年数）纳入模型 b 中，此时模型的解释变量成为 b 中的预测变量+投入高级职称的人年数。对应的回归系数概率 P 值=0.583，大于显著性水平 0.05，回归系数检验不显著，说明解释变量（投入高级职称的人年数）不能纳入回归模型 b 中。

残差统计[a]

	最小值	最大值	平均值	标准偏差	个案数
预测值	37.96	3275.69	1102.19	982.521	16
残差	-106.937	139.893	.000	65.071	16
标准预测值	-1.083	2.212	.000	1.000	16
标准残差	-1.407	1.841	.000	.856	16

a. 因变量：课题总数

图 14-15

【注解】图 14-15 中，标准化残差的最大绝对值=1.841，没有超过默认值 3。若有超过 3 的，则显示具体观察单位的标准化残差，以发现奇异值。

【实战应用】

现要分析美国居民每年每人对饮料的需求量，已知影响饮料需求量的因素主要有价格、收入和气温三个（数据获取方式见实验三的【实战应用】），试分析：

饮料的需求量与价格、收入和气温的相关回归分析。

【分析报告】

【分析报告基本格式】

实验项目			
实验日期		实验地点	
实验目的			
实验内容			
实验步骤			
实验结果			
实验分析			
实验小结			
备注			

实验十五　曲线估计

【实验目的】

1. 准确理解曲线回归的方法原理和如何将本质线性关系模型转化为线性关系模型进行回归分析。
2. 熟悉掌握曲线估计的 SPSS 操作。

【知识储备】

1. 非线性模型的基本内容

变量之间的非线性关系可以划分为本质线性关系和本质非线性关系。所谓本质线性关系，是指变量关系形式上虽然呈非线性关系，但是可以通过变量变换转化为线性关系，并可最终进行线性回归分析，建立线性模型。本质非线性关系是指变量之间不仅形式上呈非线性关系，而且也无法通过变量变换转化为线性关系，最终无法进行线性回归分析，建立线性模型。本章主要研究本质线性模型。

本质线性模型的类型划分如表 15-1 所示。

表 15-1　本质线性模型的类型

模型名	回归方程	线性转化形式
二次曲线 （quadratic curve）	$y = \beta_0 + \beta_1 x + \beta_2 x^2$	$y = \beta_0 + \beta_1 x + \beta_2 x_1$ （令 $x_1 = x^2$）
增长曲线 （growth curve）	$y = e^{\beta_0 + \beta_1 x}$	$\ln(y) = \beta_0 + \beta_1 x$ 或 $y_1 = \beta_0 + \beta_1 x$ ［令 $y_1 = \ln(y)$］
复合曲线 （compound curve）	$y = \beta_0 \beta_1^x$	$\ln(y) = \ln(\beta_0) + x\ln(\beta_1)$ 或 $y_1 = \beta'_0 + \beta'_1 x$ ［令 $y_1 = \ln(y)$ $\beta'_0 = \ln(\beta_0)$，$\beta'_1 = \ln(\beta_1)$］
对数曲线 （logarithmic curve）	$y = \beta_0 + \beta_1 \ln(x)$	$y = \beta_0 + \beta_1 x$ ［令 $x_1 = \ln(x)$］
三次曲线 （cubic curve）	$y = \beta_0 + \beta_1 x + \beta_2 x^2 + \beta_3 x^3$	$y = \beta_0 + \beta_1 x + \beta_2 x_1 + \beta_3 x_2$ （令 $x_1 = x^2$，$x_2 = x^3$）

表15-1（续）

模型名	回归方程	线性转化形式
S形曲线（S curve）	$y=e^{\beta_0+\frac{\beta_1}{x}}$	$\ln(y)=\beta_0+\beta_1 x_1\left(\text{令 } x_1=\frac{1}{x}\right)$
指数曲线（exponential curve）	$y=\beta_0 e^{\beta_1 x}$	$\ln(y)=\ln(\beta_0)+\beta_1 x_1$
逆函数（inverse function）	$y=\beta_0+\dfrac{\beta_1}{x}$	$y=\beta_0+\beta_1 x_1\left(\text{令 } x_1=\dfrac{1}{x}\right)$
幂函数（power function）	$y=\beta_0(x^{\beta_1})$	$\ln(y)=\ln(\beta_0)+\beta_1 x_1$ $[\text{令 } x_1=\ln(x)]$
逻辑函数（logistic function）	$y=\dfrac{1}{\dfrac{1}{\mu}+\beta_0\beta_1^x}$	$\ln\left(\dfrac{1}{y}-\dfrac{1}{\mu}\right)=\ln\left[\beta_0+\ln(\beta_1)x\right]$

注：β_0 为常数项，解释变量的系数均为回归系数。

2. 曲线估计的基本步骤

（1）绘制因变量与自变量的散点图，大致确定非线性关系的类型。

（2）选择多个曲线回归预测模型，估计参数。

（3）利用输出的检验统计量对回归预测模型进行各项显著性检验。

（4）选择一种最合适的曲线模型进行预测。

（5）分析评价预测效果。

【实例演习】

【例】某地区1998—2010年人均消费性支出和教育支出的数据如图15-1所示。试分析人均消费支出和教育支出的关系。

	年份	人均消费性支出X	教育支出Y
1	1998	1627.64	38.24
2	1999	1854.22	47.91
3	2000	2203.60	57.56
4	2001	3138.56	71.00
5	2002	4442.09	153.98
6	2003	5565.68	194.62
7	2004	6544.73	307.95
8	2005	7188.71	419.19
9	2006	7911.94	542.78
10	2007	7493.31	556.93
11	2008	7997.37	656.28
12	2009	9463.07	1091.85
13	2010	9396.45	1062.13

图15-1

1. 直观分析

教育支出和年人均消费性支出的散点图如图15-2所示。

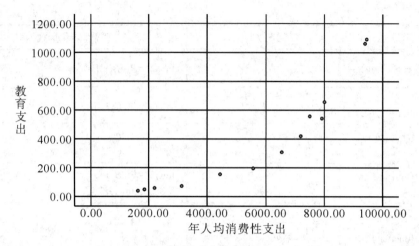

图 15-2　散点图

【注解】从散点图 15-2 中可以看出，人均消费性支出和教育支出呈明显的曲线关系，而不是线性关系。因此，我们考虑进行曲线估计。

2. 曲线估计

曲线估计的建立，仍然需要解决几个检验问题：

（1）曲线方程对样本数据的拟合程度，对应的是曲线方程的拟合优度检验。

（2）基于样本数据所确立的曲线方程是否能拓展到总体，对应的是曲线方程整体显著性检验（模型的方差分析）。

（3）每个解释变量对被解释变量的影响在总体中是否存在，对应的是回归系数的显著性检验。

点击 分析(A) → 回归(R) → 曲线估算(C)... ，如图 15-3 所示，得到如图 15-4 所示对话框。

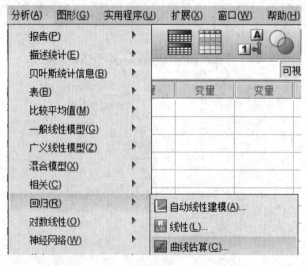

图 15-3

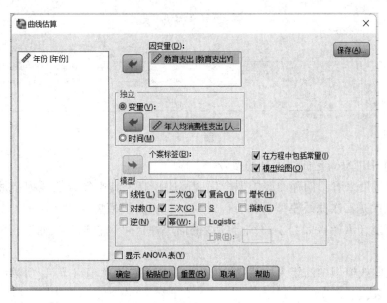

图 15-4

把因变量（教育支出）移至 因变量(D):，把自变量（年人均消费性支出）移至 ◉变量(V):。

☑ 在方程中包括常量(I)：默认项，指方程包含常数项；

☑ 模型绘图(O)：默认项，显示所选模型的连续曲线与观测值的线图。

在 模型 中选择模型：

☑ 线性(L)：线性模型，$y=b_0+b_1x$；

☑ 对数(T)：对数曲线模型，$y=b_0+b_1\ln x$；

☑ 逆(N)：倒数曲线模型，$y=b_0+\dfrac{b_1}{x}$；

☑ 二次(Q)：二次曲线模型，$y=b_0+b_1x+b_2x^2$；

☑ 三次(C)：三次曲线模型，$y=b_0+b_1x+b_2x^2+b_3x^3$；

☑ 幂(W)：幂函数模型，$y=b_0x^{b_1}$；

☑ 复合(U)：复合曲线模型，$y=b_0(b_1)^x$；

☑ S：S 形曲线模型，$y=e^{b_0+\frac{b_1}{x}}$；

☑ Logistic：Logistic 曲线模型，$y=\dfrac{1}{\dfrac{1}{u}+b_0(b_1)^x}$，其中 u 为上限值，必须为正数且大于

最大的因变量数值，在 上限(B): 中指定；

☑ 增长(H)：增长曲线模型，$y=e^{b_0+b_1x}$；

☑ 指数(E)：指数曲线模型，$y=b_0e^{b_1x}$。

选择 ☑ 二次(Q) 、☑ 三次(C) 、☑ 幂(W) 和 ☑ 复合(U)，点击 确定，得到如图 15-5、图 15-6 所示统计结果。

模型摘要和参数估算值

因变量：教育支出

方程	模型摘要					参数估算值			
	R 方	F	自由度 1	自由度 2	显著性	常量	b1	b2	b3
二次	.987	382.641	2	10	.000	252.698	-.148	2.460E-5	
三次	.994	516.461	3	9	.000	-41.314	.075	-1.988E-5	2.596E-9
复合	.995	2086.351	1	11	.000	20.955	1.000		
幂	.954	229.580	1	11	.000	3.578E-5	1.846		

自变量为 年人均消费性支出。

图 15-5

【注解】图 15-5 是曲线模型的拟合优度检验。

从拟合优度来看：四种曲线的拟合优度都比较高，其中复合曲线模型最高（ $R^2 = 0.995$ ），其次是三次曲线模型（ $R^2 = 0.994$ ）、二次曲线模型（ $R^2 = 0.987$ ），最后是幂函数曲线模型（ $R^2 = 0.954$ ）。再结合曲线的简单性，可以首选二次曲线模型或三次曲线模型。

又二次曲线模型中的年人均消费性支出的回归系数为负值（ $b_1 = -0.148$ ），与实际不符，应该舍去。

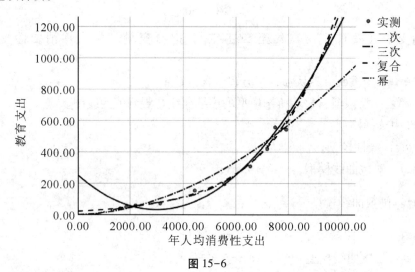

图 15-6

【注解】图 15-6 是从图形直观展示各种模型与观测值的拟合程度。

从拟合优度的检验可知，二次曲线模型是不恰当的。三次曲线模型、复合曲线模型可选。接下来是整体性检验，展示过程如图 15-7 至图 15-14 所示。

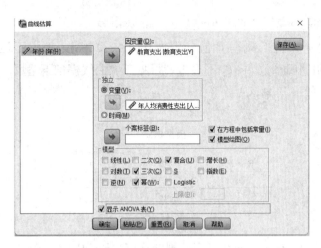

图 15-7

选择 ☑ **显示 ANOVA 表(Y)** ，表示输出各个模型的方差分析表和各回归系数显著性检验的结果。

三次

模型摘要

R	R 方	调整后 R 方	标准 估算的错误
.997	.994	.992	32.238

自变量为 年人均消费性支出。

图 15-8

【注解】图 15-8 是三次曲线模型的拟合优度检验，$R^2 = 0.994$。

ANOVA

	平方和	自由度	均方	F	显著性
回归	1610303.326	3	536767.775	516.461	.000
残差	9353.874	9	1039.319		
总计	1619657.200	12			

自变量为 年人均消费性支出。

图 15-9

【注解】图 15-9 是三次曲线模型的整体性检验。对应的概率 P 值 = 0.000，小于显著性水平 0.05，拒绝原假设，表示建立的三次曲线模型是恰当的。

系数

	未标准化系数		标准化系数		
	B	标准 错误	Beta	t	显著性
年人均消费性支出	.075	.069	.580	1.089	.304
年人均消费性支出 ** 2	-1.988E-5	.000	-1.685	-1.478	.173
年人均消费性支出 ** 3	2.596E-9	.000	2.112	.	.
(常量)	-41.314	97.204		-.425	.681

图 15-10

【注解】图 15-10 是三次曲线模型的回归系数检验。

回归系数 b_1、b_2 对应的概率 P 值分别为 0.304、0.173，都大于显著性水平 0.05，接受原假设，说明回归系数 b_1、b_2 不显著。可见三次曲线模型不适用。

复合

模型摘要

R	R 方	调整后 R 方	标准 估算的错误
.997	.995	.994	.090

自变量为 年人均消费性支出。

图 15-11

【注解】图 15-11 是复合曲线模型的拟合优度检验，$R^2 = 0.995$。

ANOVA

	平方和	自由度	均方	F	显著性
回归	16.905	1	16.905	2086.351	.000
残差	.089	11	.008		
总计	16.994	12			

自变量为 年人均消费性支出。

图 15-12

【注解】图 15-12 是复合曲线模型的整体性检验。对应的概率 P 值 = 0.000，小于显著性水平 0.05，拒绝原假设，表示建立的复合曲线模型是恰当的。

系数

	未标准化系数		标准化系数		
	B	标准 错误	Beta	t	显著性
年人均消费性支出	1.000	.000	2.711	108768.233	.000
(常量)	20.955	1.226		17.090	.000

因变量为 ln(教育支出)。

图 15-13

系数

	未标准化系数		标准化系数		
	B	标准 错误	Beta	t	显著性
年人均消费性支出	1.000420032	.000	2.711	108768.233	.000
(常量)	20.955	1.226		17.090	.000

因变量为 ln(教育支出)。

图 15-14

【注解】图 15-13、图 15-14 是复合曲线模型的回归系数检验，$y = b_0 (b_1)^x = 20.955 \times (1.000\,42)^x$

回归系数 b_1 对应的概率 P 值 = 0.000，小于显著性水平 0.05，拒绝原假设。这说明回归系数 b_1 显著，复合曲线模型是合理的。

【实战应用】

　　现已收集最近 20 年的税收收入现值（数据获取方式见实验三的【实战应用】），试分析随着时间的变化，税收收入现值的变化规律。

【分析报告】

【分析报告基本格式】

实验项目			
实验日期		实验地点	
实验目的			
实验内容			
实验步骤			
实验结果			
实验分析			
实验小结			
备注			

实验十六　列联表分析

【实验目的】

1. 了解列联表的构造和列联表各种相关性测量统计量的构造原理。
2. 熟练掌握列联表分析的 SPSS 操作。

【知识储备】

1. 列联表分析的基本内容

列联表分析是根据样本数据来推断总体中两个定类变量相互关系的一种统计方法。

列联表分析有两项主要内容：列联表中的卡方检验和列联表中的相关性测量。这两项内容分别是从不同的途径来分析列联表中两个定类变量之间的相关关系的。

2. 列联表分析的基本步骤

（1）卡方检验的基本步骤。

①建立原假设。卡方检验的原假设是：行变量与列变量相互独立。

②计算检验统计量的值。列联表分析中卡方检验的统计量是 Pearson 卡方统计量，其数学公式为

$$x^2 = \sum_{i=1}^{r} \sum_{j=1}^{c} \frac{(f_{ij}^0 - f_{ij}^e)^2}{f_{ij}^e} \tag{16.1}$$

式中，r 为列联表的行数，c 为列联表的列数，f^0 为观测频数，f^e 为期望频数。

③做出统计决策。这里有两种决策方式：一是比较临界值的决策方式，即将卡方统计量的值与由给定的显著性水平所决定的临界值相比较：大于或等于临界值，则拒绝原假设；小于临界值，则没有理由拒绝原假设。二是比较 P 值的决策方式，即将卡方统计量的 P 值与给定的显著性水平相比较：大于或等于显著性水平，则没有理由拒绝原假设；小于显著性水平，则拒绝原假设。两种决策方式的结论是一致的。SPSS 中采取第二种决策方式。

（2）相关性测量的基本步骤。

可供选择的测量相关性的统计量主要有三个，这些统计量的适用范围有所不同，应根据列联表的结构特点适当地选择。

①φ 相关系数。φ 系数的绝对值在 0 和 1 之间，适用于 2×2 列联表，计算公式为

$$\varphi=\sqrt{\frac{x^2}{n}} \tag{16.2}$$

②C 相关系数。C 的取值范围为：$0<C<1$，它随行数和列数的增大而增大。其适用于大于 2×2 的列联表，不同行数或列数的列联表之间所得的列联系数不宜做比较。其计算公式为

$$C=\sqrt{\frac{x^2}{x^2+n}} \tag{16.3}$$

③V 相关系数。V 的取值范围为：$0\leqslant V\leqslant 1$。它适用于大于 2×2 的列联表，不同行数或列数的列联表之间所得的相关系数不宜做比较。其计算公式为

$$V=\sqrt{\frac{x^2}{n\times\min[(r-1),(c-1)]}}=\sqrt{\frac{x^2}{n(m-1)}} \tag{16.4}$$

特别地，当列联表的行数或列数为 2 时：

$$V=\sqrt{\frac{x^2}{n}}=\varphi \tag{16.5}$$

【实例演习】

【例】现要研究吸烟与肺癌是否具有一定的关联性，收集的对照统计实验数据如表 16-1 所示。

表 16-1　吸烟与肺癌关联表

	吸烟	不吸烟
患者	60	3
对照组	32	11

1. 转化为 SPSS 文件格式

先将表 16-1 转化为 SPSS 文件格式，如图 16-1 所示。

	吸烟	肺癌	频数
1	1	1	60
2	1	2	32
3	2	1	3
4	2	2	11

图 16-1

2. 编制列联表

先确定加权因子：点击 数据(D) — 个案加权(W)...，所得对话框如图 16-2 所示。

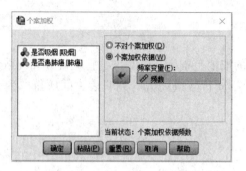

图 16-2

点击 分析(A) —— 描述统计(E) —— 交叉表(C)，如图 16-3 所示，得到如图 16-4 所示对话框。

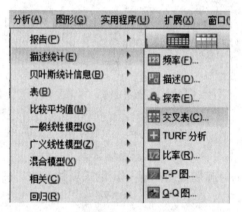

图 16-3

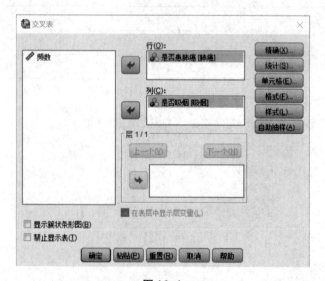

图 16-4

把行变量（是否患肺癌）移至 行(O):中，把列变量（是否吸烟）移至 列(C):中，点击 确定，得到如图 16-5 所示结果。

是否患肺癌 * 是否吸烟 交叉表

计数

		是否吸烟		总计
		吸烟	不吸烟	
是否患肺癌	患肺癌	60	3	63
	对照组	32	11	43
总计		92	14	106

图 16-5

上述列联表只是使用了 单元格(E) 中的默认项 ☑实测(O)，表示只输出观测频数。若需要在列联表中输出更多的内容，点击 单元格(E)，弹出对话框如图 16-6 所示。

图 16-6

在 计数(T) 中选择 ☑期望(E)：输出期望频数；

在 百分比 中选择 ☑行(R)：行百分比；

☑列(C)：列百分比；

☑总计(T)：总百分比；

在 残差 中选择 ☑未标准化(U)：非标准化残差＝观测频数－期望频数。

点击 继续(C)，点击 确定，得到如图 16-7 所示结果。

是否患肺癌 * 是否吸烟 交叉表

			是否吸烟		
			吸烟	不吸烟	总计
是否患肺癌	患肺癌	计数	60	3	63
		期望计数	54.7	8.3	63.0
		占 是否患肺癌 的百分比	95.2%	4.8%	100.0%
		占 是否吸烟 的百分比	65.2%	21.4%	59.4%
		占总计的百分比	56.6%	2.8%	59.4%
		残差	5.3	-5.3	
	对照组	计数	32	11	43
		期望计数	37.3	5.7	43.0
		占 是否患肺癌 的百分比	74.4%	25.6%	100.0%
		占 是否吸烟 的百分比	34.8%	78.6%	40.6%
		占总计的百分比	30.2%	10.4%	40.6%
		残差	-5.3	5.3	
总计		计数	92	14	106
		期望计数	92.0	14.0	106.0
		占 是否患肺癌 的百分比	86.8%	13.2%	100.0%
		占 是否吸烟 的百分比	100.0%	100.0%	100.0%
		占总计的百分比	86.8%	13.2%	100.0%

图 16-7

【注解】在图 16-7 中，第二行，期望频数=（所在行的观测频数合计×所在列的观测频数合计）÷观测频数总和，如：54.7≈92×63÷106。

期望频数的分布与总体分布一致，反映的是行、列变量之间相互独立下的分布。可以理解为：在 106 个实验者中，其是否吸烟的分布为：86.8%、13.2%；若按照这一分布，其中患肺癌的 63 名实验者的分布也应该是：86.8%、13.2%；对应的期望频数应该为：86.8%×63≈54.68，13.2%×63=8.316。

第六行，非标准化残差=观测频数-期望频数。

3. 列联表独立性卡方检验

点击 统计(S)，出现对话框，如图 16-8 所示。

图 16-8

选择 ☑卡方(H)，点击 继续(C)，再点击 确定，得到如图 16-9 所示统计结果。

卡方检验

	值	自由度	渐进显著性（双侧）	精确显著性（双侧）	精确显著性（单侧）
皮尔逊卡方	9.664[a]	1	.002		
连续性修正[b]	7.933	1	.005		
似然比	9.722	1	.002		
费希尔精确检验				.003	.002
线性关联	9.572	1	.002		
有效个案数	106				

a. 0 个单元格 (0.0%) 的期望计数小于 5。最小期望计数为 5.68。

b. 仅针对 2x2 表进行计算

图 16-9

【注解】在图 16-9 中，第一行，卡方检验统计量值 = 9.664，对应的概率 P 值 = 0.002，小于显著性水平 0.05，拒绝原假设（肺癌患者中吸烟的比例与对照组中吸烟的比例没有差别），即认为肺癌患者中吸烟的比例与对照组中吸烟的比例有显著性的差异，前者高得多。

第二行，Yates 修正卡方检验统计量值 = 7.933，对应的概率 P 值 = 0.005，小于显著性水平 0.05，拒绝原假设。适用于小样本。

第三行，似然比检验统计量值 = 9.722，对应的概率 P 值 = 0.002，小于显著性水平 0.05，拒绝原假设。

第四行，Fisher 精确检验的概率 P 值 = 0.003，小于显著性水平 0.05，拒绝原假设。适用于小样本。

第五行，线性和线性组合检验（Mantel Haenszel 卡方检验）值 = 9.572，对应的概率 P 值 = 0.002，小于显著性水平 0.05，拒绝原假设。

【注脚 a】说明满足列联表独立性卡方检验的前提条件：列联表中要有 80% 以上的单元格中的期望频数大于 5。

4. 分类变量的独立性检验

点击 统计(S) ，出现对话框，如图 16-10 所示。

图 16-10

在 名义 中选择列联系数 ☑列联系数(O) 和 ☑Phi 和克莱姆 V 系数，点击 继续(C) ，再点击 确定 ，得到如图 16-11 所示统计结果。

对称测量

		值	渐进显著性
名义到名义	Phi	.302	.002
	克莱姆 V	.302	.002
	列联系数	.289	.002
有效个案数		106	

图 16-11

【注解】在图 16-11 中，第一行，Phi 系数 = 0.302，对应的概率 P 值 = 0.002，小于显著性水平 0.05，拒绝原假设（行、列变量是独立的），即认为肺癌患者中吸烟的比例与对照组中吸烟的比例有显著性的差异。适用于 2×2 列联表。

第二行，Cramer'V 系数 = 0.302，对应的概率 P 值 = 0.002，小于显著性水平 0.05，拒绝原假设（行、列变量是独立的）。适用于 2×2 以上的列联表。

第三行，列联系数 = 0.289，对应的概率 P 值 = 0.002，小于显著性水平 0.05，拒绝原假设（行、列变量是独立的）。适用于 2×2 以上的列联表。

5. 有序变量的相关性检验

精神病人随着抑郁程度的加重，其自杀的可能性是否会加大？为了研究该问题，有研究人员对 500 名精神病人按抑郁程度和自杀意向的轻重程度进行了分类，数据如图 16-12、图 16-13 所示。

是否有自杀意向 * 是否患抑郁 交叉表

计数

		无抑郁	中等抑郁	严重抑郁	总计
是否有自杀意向	无自杀意向	195	93	34	322
	想自杀	20	27	27	74
	曾自杀过	26	39	39	104
总计		241	159	100	500

图 16-12

	抑郁	自杀意向	频数
1	1	1	195
2	1	2	20
3	1	3	26
4	2	1	93
5	2	2	27
6	2	3	39
7	3	1	34
8	3	2	27
9	3	3	39

图 16-13

点击 统计(S)，出现对话框，如图 16-14 所示。

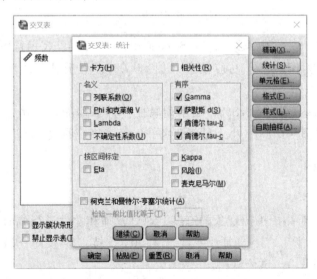

图 16-14

在 有序 中选择相关系数 ☑ Gamma 等，得到如图 16-15、图 16-16 所示统计结果。

对称测量

		值	渐近标准误差a	近似 T^b	渐进显著性
有序到有序	肯德尔 tau-b	.336	.038	8.667	.000
	肯德尔 tau-c	.287	.033	8.667	.000
	Gamma	.532	.052	8.667	.000
有效个案数		500			

a. 未假定原假设。

b. 在假定原假设的情况下使用渐近标准误差。

图 16-15

【注解】在图 16-15 中，第一行，Kendall's tau-b 系数 = 0.336，对应概率 P 值 = 0.000，小于显著性水平 0.05，拒绝原假设（抑郁程度与自杀可能性没有关系），即认为抑郁程度与自杀可能性是存在关系的。Kendall's tau-b 系数 = 0.336 > 0，表示二者存在正相关关系，即随着抑郁程度的加重，自杀的可能性会加大。适用于方形列联表。

第二行，Kendall's tau-c 系数 = 0.287，对应概率 P 值 = 0.000，小于显著性水平 0.05，拒绝原假设。适用于一般的列联表。

第三行，Gamma 系数 = 0.532，对应概率 P 值 = 0.000，小于显著性水平 0.05，拒绝原假设。适用于 2×2 列联表。

定向测量

			值	渐近标准误差a	近似 T^b	渐进显著性
有序到有序	萨默斯 d	对称	.334	.037	8.667	.000
		是否有自杀意向 因变量	.306	.035	8.667	.000
		是否患抑郁 因变量	.368	.041	8.667	.000

a. 未假定原假设。

b. 在假定原假设的情况下使用渐近标准误差。

图 16-16

【注解】在图 16-16 中，第二行，Somers' $d_{R|C}$ = 0.306，表示行属性（自杀意向）依赖于列属性（抑郁程度）。对应概率 P 值 = 0.000，小于显著性水平 0.05，拒绝原假设。

第三行，Somers' $d_{C|R}$ = 0.368，表示列属性（抑郁程度）依赖于行属性（自杀意向）。对应概率 P 值 = 0.000，小于显著性水平 0.05，拒绝原假设。

【实战应用】

为了了解人们对高校扩招现象的态度，现对教师和学生进行调研，数据资料包括变量调查对象：0 = 学生，1 = 老师；变量态度：0 = 支持，1 = 反对（数据获取方式见实验三的【实战应用】）。试分析：

教师和学生对这一问题的看法是否是一致的？

【分析报告】

【分析报告基本格式】

实验项目			
实验日期		实验地点	
实验目的			
实验内容			
实验步骤			
实验结果			
实验分析			
实验小结			
备注			

实验十七　对数线性层次模型

【实验目的】

1. 掌握对数线性层次模型建立的基本原理和思想。
2. 掌握利用 SPSS 软件如何实现对数线性层次模型的建立。

【知识储备】

1. 对数线性模型

对数线性模型是一种分析多品质型变量间关系的多元统计分析方法。它以多维交叉列联表中的对数频数为研究对象，将卡方检验与多因素方差分析、多元线性回归分析等方法相结合，以有效和简单为基本策略，通过建立简约模型，达到解释对数频数变化成因，拟合对数频数变化规律的目的。对数线性模型主要包含三类模型：饱和与非饱和对数线性层次模型、一般模型和 Logit 模型。本章主要介绍饱和与非饱和对数线性层次模型。

2. 饱和与非饱和对数线性层次模型

饱和对数线性层次模型是指基于对数频数，建立所有主效应和所有交互效应在内的线性模型。

非饱和对数线性层次模型是在饱和模型的基础上建立起来的简约模型。其基本原则是：认为模型中的低阶效应是由高阶效应派生出来的。若模型中的高阶效应显著，那么相应的所有低阶效应也都是显著的；若一个低阶效应不显著，则与其相关的其他高阶效应也是不显著的。剔除模型中的不显著效应时，应该从最高阶开始，按照由高至低的顺序依次分层剔除，直到没有可剔除的效应为止，从而得到简约的非饱和对数线性层次模型。

【实例演习】

【例】160 个精神病人按抑郁程度和自杀意向的轻重程度分类，数据如图 17-1、图 17-2 所示。

自杀 * 抑郁 交叉表

计数

		抑郁			总计
		无抑郁	中等抑郁	严重抑郁	
自杀	无自杀意向	18	50	12	80
	想要自杀	11	25	14	50
	曾自杀过	6	15	9	30
总计		35	90	35	160

图 17-1

	自杀	抑郁	频数
1	无自杀意向	无抑郁	18
2	想要自杀	无抑郁	11
3	曾自杀过	无抑郁	6
4	无自杀意向	中等抑郁	50
5	想要自杀	中等抑郁	25
6	曾自杀过	中等抑郁	15
7	无自杀意向	严重抑郁	12
8	想要自杀	严重抑郁	14
9	曾自杀过	严重抑郁	9

图 17-2

先确定加权因子：点击 数据(D) — 个案加权(W)，把变量（频数）移至 频率变量(F): 中，点击 确定。

1. 计算独立模型的期望频数估计

点击 分析(A) — 描述统计(E) — 交叉表(C)，再点击 单元格(E)，选择 ☑期望(E)，得到如图 17-3所示统计结果。

抑郁 * 自杀 交叉表

			自杀			总计
			无自杀意向	想要自杀	曾自杀过	
抑郁	无抑郁	计数	18	11	6	35
		期望计数	17.5	10.9	6.6	35.0
	中等抑郁	计数	50	25	15	90
		期望计数	45.0	28.1	16.9	90.0
	严重抑郁	计数	12	14	9	35
		期望计数	17.5	10.9	6.6	35.0
总计		计数	80	50	30	160
		期望计数	80.0	50.0	30.0	160.0

图 17-3

2. 建立对数线性（饱和与非饱和）层次模型

点击 分析(A) — 对数线性(O) — 选择模型(M)... ，出现对话框，如图 17-4、图 17-5 所示。

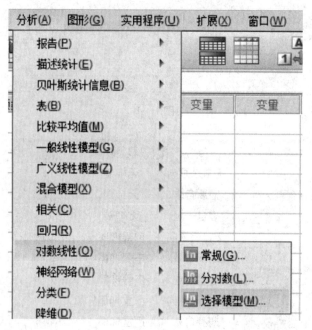

图 17-4

图 17-5

把因素变量移至 因子(F): 中，点击 定义范围(E)... ，确定因素的取值范围，点击 继续(C) ；把频

数移至 **单元格权重(W):** 中；在 模型(M) 中选择默认项 ●饱和(S) （表示初始模型为饱和模型）；在 选项(O) 中选择默认项 显示 中的 ☑频率(F) （表示输出观测频数、期望频数和频数百分比）和 ☑残差(R) （表示观测频数与期望频数的残差）；点击 确定 ，得：

（1）饱和模型的拟合检验，如图 17-6 所示。

饱和模型的拟合检验是检验对数频数的实际观测值与模型预测值（期望值）之间是否存在显著性差异的检验。

单元格计数和残差

自杀	抑郁	实测 计数a	实测 %	期望 计数	期望 %	残差	标准 残差
无自杀意向	无抑郁	18.500	11.6%	18.500	11.6%	.000	.000
	中等抑郁	50.500	31.6%	50.500	31.6%	.000	.000
	严重抑郁	12.500	7.8%	12.500	7.8%	.000	.000
想要自杀	无抑郁	11.500	7.2%	11.500	7.2%	.000	.000
	中等抑郁	25.500	15.9%	25.500	15.9%	.000	.000
	严重抑郁	14.500	9.1%	14.500	9.1%	.000	.000
曾自杀过	无抑郁	6.500	4.1%	6.500	4.1%	.000	.000
	中等抑郁	15.500	9.7%	15.500	9.7%	.000	.000
	严重抑郁	9.500	5.9%	9.500	5.9%	.000	.000

a. 对于饱和模型，向所有实测单元格添加了 .500。

（a）

拟合优度检验

	卡方	自由度	显著性
似然比	.000	0	
皮尔逊	.000	0	

（b）

图 17-6

【注解】图 17-6（a）表示的是饱和模型中的观测频数、期望频数和残差。观测频数＝期望频数，残差＝0，可以看出饱和模型对对数频数是完全拟合的。

图 17-6（b）是饱和模型的拟合检验。似然比卡方统计量＝0.000，概率 P 值无确定值，说明模型对数据是完全拟合的。

（2）饱和模型的分层检验，如图 17-7 所示。

饱和模型的分层检验是按照各阶效应整体进行分层检验的。

K 向效应和更高阶效应

	K	自由度	似然比 卡方	似然比 显著性	皮尔逊 卡方	皮尔逊 显著性	迭代次数
K 向效应和更高阶效应a	1	8	63.833	.000	79.175	.000	0
	2	4	4.720	.317	4.665	.323	2
K 向效应b	1	4	59.113	.000	74.510	.000	0
	2	4	4.720	.317	4.665	.323	0

a. 检验 K 向效应和更高阶效应是否为零。

b. 检验 K 向效应是否为零。

图 17-7

【注解】在图 17-7 中，第一部分：K 阶及以上各阶所有效应检验。

2 阶及以上各阶所有交互效应检验的似然比卡方统计量 = 4.720，Pearson 卡方统计量 = 4.665；对应的概率 P 值 = 0.323，大于显著性水平 0.05，接受原假设（2 阶及以上阶的交互效应与 0 无显著性影响），即认为 2 阶及以上阶的交互效应无显著性影响。

1 阶及以上各阶所有效应检验的似然比卡方统计量 = 63.833，Pearson 卡方统计量 = 79.175；对应的概率 P 值 = 0.000，小于显著性水平 0.05，拒绝原假设（1 阶及以上阶的交互效应与 0 无显著性影响），即认为 1 阶及以上阶的交互效应存在显著性差异。

1 阶及以上各阶效应的似然比卡方统计量（63.833）与 2 阶及以上的似然比卡方统计量（4.720）之差 = 59.113，是主效应整体检验的似然比卡方值。

第二部分：K 阶所有效应检验。

1 阶效应检验的似然比卡方统计量 = 59.113（正好等于主效应整体检验的似然比卡方值），Pearson 卡方统计量 = 74.510；对应的概率 P 值 = 0.000，小于显著性水平 0.05，拒绝原假设（1 阶效应与 0 无显著性影响），即认为 1 阶效应存在显著性差异。

2 阶交互效应检验的似然比卡方统计量 = 4.720，Pearson 卡方统计量 = 4.665；对应的概率 P 值 = 0.323，大于显著性水平 0.05，接受原假设（2 阶交互效应与 0 无显著性影响），即认为 2 阶交互效应无显著性影响。这与第一部分的检验一致。

（3）逐步剔除效应检验——简化饱和模型，如图 17-8 所示。

逐步剔除效应检验是从饱和模型开始，按照从高阶到低阶的顺序，逐步剔除似然比卡方值增加不显著的交互效应，再对新的模型进行检验，从而最终得到最佳简约（饱和或非饱和）模型。

步骤摘要

步骤[a]			效应	卡方[c]	自由度	显著性	迭代次数
0	生成类[b]		自杀*抑郁	.000	0	.	
	删除后效应	1	自杀*抑郁	4.720	4	.317	2
1	生成类[b]		自杀, 抑郁	4.720	4	.317	
	删除后效应	1	自杀	23.899	2	.000	2
		2	抑郁	35.215	2	.000	2
2	生成类[b]		自杀, 抑郁	4.720	4	.317	

a. 在每个步骤中，将删除"似然比变更"的显著性水平最高的效应，前提是该显著性水平大于 .050。

b. 将显示第 0 步之后的每个步骤中最佳模型的统计。

c. 对于"删除后效应"，这是将效应从模型中删除后卡方的变更。

图 17-8

【注解】在图 17-8 中，第 0 步：饱和模型。模型的似然比卡方统计量 = 0.000，说明建立的饱和模型与观测数据完全拟合。

若剔除交互效应（自杀 * 抑郁），所得模型的似然比卡方统计量 = 4.720；对应概率 P 值 = 0.317，大于显著性水平 0.05，接受原假设（交互效应与 0 无显著性差异），即认为引起似然比卡方统计量变化（从 0 增加到 4.720）并不显著，"自杀 * 抑郁"的交互作用对频数分布无显著性影响，可以剔除该效应。

第 1 步：剔除交互效应（自杀 * 抑郁）的不饱和模型（只含主效应）。模型的似然比卡方统计量 = 4.720；对应概率 P 值 = 0.317。

剔除主效应（自杀），所得模型的似然比卡方统计量 = 23.899；对应概率 P 值 = 0.000，小于显著性水平 0.05，拒绝原假设（主效应与 0 无显著性差异），即认为引起似然比卡方统计量变化（从 0 增加到 23.899）具有显著性差异，主效应（自杀）的作用对频数分布有显著性影响，不应剔除该效应。

剔除主效应（抑郁），所得模型的似然比卡方统计量 = 35.215；对应概率 P 值 = 0.000，小于显著性水平 0.05，拒绝原假设，即认为引起似然比卡方统计量变化（从 0 增加到 35.215）具有显著性差异，主效应（抑郁）的作用对频数分布有显著性影响，不应剔除该效应。

第 2 步：最佳简约模型（只含主效应）。模型的似然比卡方统计量 = 4.720；对应概率 P 值 = 0.317，大于显著性水平 0.05，通过显著性检验。

（4）最佳简约（非饱和）模型的拟合检验，如图 17-9 所示。

最佳简约模型的拟合检验是对对数频数的实际观测值与新修正模型预测值（期望值）之间是否存在显著性差异的检验。

单元格计数和残差

自杀	抑郁	实测 计数	%	期望 计数	%	残差	标准残差
无自杀意向	无抑郁	18.000	11.3%	18.000	11.3%	.000	.000
	中等抑郁	50.000	31.3%	50.000	31.3%	.000	.000
	严重抑郁	12.000	7.5%	12.000	7.5%	.000	.000
想要自杀	无抑郁	11.000	6.9%	11.000	6.9%	.000	.000
	中等抑郁	25.000	15.6%	25.000	15.6%	.000	.000
	严重抑郁	14.000	8.8%	14.000	8.8%	.000	.000
曾自杀过	无抑郁	6.000	3.8%	6.000	3.8%	.000	.000
	中等抑郁	15.000	9.4%	15.000	9.4%	.000	.000
	严重抑郁	9.000	5.6%	9.000	5.6%	.000	.000

（a）

拟合优度检验

	卡方	自由度	显著性
似然比	.000	4	1.000
皮尔逊	.000	4	1.000

（b）

图 17-9

【注解】图 17-9（a）表示的是最佳简约模型中的观测频数、期望频数和残差。观测频数 = 期望频数，残差 = 0；可以看出最佳简约模型对对数频数是完全拟合的。

图 17-9（b）是最佳简约模型的拟合检验。模型的似然比卡方统计量 = 0.000，概率 P 值 = 1.000，大于显著性水平 0.05，接受原假设（观测频数与期望频数无显著性差异），说明模型对数据的拟合效果很好。

3. 饱和模型的其他检验

（1）单项效应检验——饱和模型的参数估计，如图 17-10 和表 17-1 所示。

前述内容仅针对饱和模型的整体和局部（分层）进行了检验，但对于具体哪个类别的效应是否显著的问题，并没有回答。这就需要进行单项效应检验。

点击 ⟨选项(Q)⟩，在 ⟨饱和模型的显示⟩ 中选择 ☑参数估计值(P)。

参数估算值

效应	参数	估算	标准 错误	Z	显著性	95% 置信区间 下限	上限
自杀*抑郁	1	.117	.176	.665	.506	-.228	.462
	2	.231	.144	1.604	.109	-.051	.514
	3	-.022	.190	-.114	.909	-.394	.351
	4	-.115	.156	-.737	.461	-.422	.191
自杀	1	.390	.118	3.298	.001	.158	.622
	2	.053	.125	.429	.668	-.191	.298
抑郁	1	-.321	.139	-2.315	.021	-.593	-.049
	2	.569	.113	5.013	.000	.346	.791

图 17-10

【注解】图 17-10 是饱和模型所有交互效应和主效应的参数估计，也是所有类别单项效应检验。

在交互效应（自杀 * 抑郁）中，只输出了 4 个参数估计值，对应 4 个交互效应，对应的概率 P 值都大于显著性水平 0.05，接受原假设（对应的交互效应无显著性差异）；其余 5 个可以通过行列之和 = 0 求出。

在主效应（自杀）中，只输出了 2 个参数估计值；通过行之和 = 0，求出第三个参数估计值 = -0.443。

因素（自杀）第 1 类别（无抑郁）对对数频数的主效应 = 0.390，对应的概率 P 值 = 0.001，小于显著性水平 0.05，拒绝原假设（对应的主效应无显著性差异），即认为因素（自杀）第 1 类别（无抑郁）的主效应是显著的。

因素（自杀）第 2 类别（中等抑郁）对对数频数的主效应 = 0.053，对应的概率 P 值 = 0.668，大于显著性水平 0.05，接受原假设（对应的主效应无显著性差异），即认为因素（自杀）第 2 类别（中等抑郁）的主效应是显著的。

因素（抑郁）第 1 类别（无自杀意向）对对数频数的主效应 = -0.321，对应的概率 P 值 = 0.021，小于显著性水平 0.05，拒绝原假设（对应的主效应无显著性差异），即认为因素（抑郁）第 1 类别（无自杀意向）的主效应是显著的。

表 17-1　自杀与抑郁主效应和交互效应的模型参数估计值

因素 A、B 交互效应		抑郁（因素 B）			因素 B 主效应
		无抑郁	中等抑郁	严重抑郁	
自杀 （因素 A）	无自杀意向	0.117	-0.022	-0.095	-0.321
	想要自杀	0.231	-0.115	-0.116	0.569
	曾自杀过	-0.348	0.137	0.211	-0.248
因素 A 主效应		0.39	0.053	-0.443	

（2）饱和模型的偏关联检验，如图 17-11 所示。

偏关联

效应	自由度	偏卡方	显著性	迭代次数
自杀	2	23.899	.000	2
抑郁	2	35.215	.000	2

图 17-11

【注解】图 17-11 中，因素（自杀）和因素（抑郁）的概率 P 值都等于 0.000，小于显著性水平 0.05，拒绝原假设（对应的主效应无显著性差异）。

【实战应用】

现已收集某度假村游客的年龄、性别和所喜爱的娱乐项目等相关资料（数据获取方式见实验三的【实战应用】），试分析游客的年龄、性别和所喜爱的娱乐项目之间是否存在一定的关系。

【分析报告】

【分析报告基本格式】

实验项目			
实验日期		实验地点	
实验目的			
实验内容			
实验步骤			
实验结果			
实验分析			
实验小结			
备注			

实验十八 综合测试练习

【实验目的】

本章要求学生分别组成几个小组，自己设计一个实际问题，进行数据的收集、整理，然后利用本学期所学的 SPSS 统计分析方法进行分析。要求至少利用 5 种以上的分析方法，完成一个综合性的分析报告。

【实验问题】

问题的具体内容由小组自由确定。

1. 自由调查问题类

基本内容包括：

（1）调查方案设计。

（2）问卷的设计。

（3）调查方法及数据收集过程。

（4）数据的整理。

（5）数据的分析。

2. 现成数据分析类

基本内容包括：

（1）问题的提出。

（2）数据的来源。

（3）数据的整理。

（4）数据的分析。

【分析报告】

【分析报告基本格式】

实验项目			
实验日期		实验地点	
实验目的			
实验内容			
实验步骤			
实验结果			
实验分析			
实验小结			
备注			

参考文献

［1］薛薇. SPSS 统计分析方法及应用［M］. 4 版. 北京：电子工业出版社，2017.

［2］杨丹. SPSS 宝典［M］. 3 版. 北京：电子工业出版社，2013.

［3］冯力. 统计学实验［M］. 大连：东北财经大学出版社，2008.

［4］王静龙，梁小筠. 定性数据统计分析［M］. 北京：中国统计出版社，2008.

［5］茆诗松. 统计手册［M］. 北京：科学出版社，2003.

［6］巴克豪斯，埃里克森，普林克，等. 多元统计分析方法：用 SPSS 工具［M］. 上海：格致出版社，2009.

［7］张文彤. SPSS 统计分析高级教程［M］. 北京：高等教育出版社，2004.

［8］李勇. 统计学基本思想［M］. 北京：经济科学出版社，2012.

［9］王松桂，史建红，尹素菊，等. 线性模型引论［M］. 北京：科学出版社，2004.

［10］李裕奇，赵联文，王沁，等. 非参数统计方法［M］. 成都：西南交通大学出版社，2010.

［11］李勇. 大数据时代的统计思想［M］. 北京：经济科学出版社，2017.